アジア経済から考える
高成長・中成長・低成長

中国、韓国、インドに見る
経済成長モデル分析

李 晨

花伝社

アジア経済から考える高成長・中成長・低成長
──中国、韓国、インドに見る経済成長モデル分析

目次

序文　5

第1部　経済成長理論分野におけるマルクス派最適成長モデルの位置付け

第1章　経済成長理論分野における再生産表式論の位置付け　14
1. はじめに　14
2. 再生産表式論　16
3. 再生産表式論の下での経済成長要因分析　21
4. 近代経済学の成長理論　25
5. 再生産表式論と近代経済学の成長理論の比較　35
6. おわりに　40

第2章　中国におけるマルクス経済学の展開
　　　　　──再生産表式論の展開を中心に──　41
1. はじめに　41
2. 中国におけるマルクス経済学の発展と諸学派　42
3. 中国における再生産表式論の発展　45
4. 中国における再生産表式論に基づく実証分析　53
5. おわりに　56

第3章　再生産表式論と新古典派最適成長理論とを統合としたマルクス的最適成長モデル
　　　　　──マルクス派最適成長モデル──　58
1. はじめに　58
2. マルクス派最適成長モデルの基本モデルの構造　60
3. マルクスの再生産表式とマルクス派最適成長モデルの価値表現　66
4. 近代経済学の成長論との統合としてのマルクス派最適成長モデル　73
5. おわりに　78

第2部　理論編：マルクス派最適成長論の実証モデルとしての諸改良

第4章　労働成長率・技術進歩率を考慮したマルクス派最適成長モデルの基本モデルの改良及び Mathematica による数値解法の提案　*82*

1. はじめに　*82*
2. モデルの構築　*83*
3. シミュレーション　*91*
4. おわりに　*92*

第5章　資本財部門における資本投入を考慮したマルクス派最適成長モデル実証モデルの構築及び方法の提示　*95*

1. はじめに　*95*
2. 大西・金江（2015）のモデル及びそれに基づく将来予測の先行研究について　*96*
3. 資本と労働力の配分比率を考えたマルクス派最適成長モデル予測モデルの構築　*100*
4. マルクス派最適成長モデル実証モデルの諸改良　*105*
5. マルクス派最適成長モデルを用いた実証提示　*113*

第6章　マルクス派最適成長モデル実証のための2部門データ構築——中国2000年代の過剰投資をめぐって　*118*

1. はじめに　*118*
2. 中国における資本財生産部門の肥大化　*120*
3. データの構築　*124*
4. データ　*133*
5. データが示すこと　*135*
6. おわりに　*138*

第3部　実証編：アジアにおける成長段階のバリエーション
——低成長、中成長、そして高成長——

第3部導入：アジアにおける成長段階のバリエーション——低成長、中成長、そして高成長—— *140*

第7章　韓国経済——停滞の処方箋　*144*
1. はじめに　*144*
2. 韓国経済の歩み　*145*
3. 韓国経済成長パターン変化および課題　*153*
4. 今後の成長に向けて　*159*

第8章　中国経済——崩壊論にあらがって　*165*
1. はじめに　*165*
2. 中国経済の歩み　*166*
3. 中国経済成長パターン変化および課題　*174*
4. これからの中国経済はどうなるか？　*185*
5. 第14次5カ年計画における経済成長に関する記述について　*188*

第9章　インド——蛙飛び型成長の代償　*190*
1. はじめに　*190*
2. インド経済の歩み　*192*
3. 経済成長パターンの変化　*202*
4. 経済発展経緯から見る中国とインドの差　*208*
5. これからのインド経済はどうなるのか？　*214*

あとがき　*217*
参考文献　*219*

序文

　2000年代以降、アジアの成長が世界経済を牽引してきたことはよく知られている。しかし、近年よく取り沙汰される中国経済の減速に象徴されるように、そのアジア経済も曲がり角を迎えようとしている。コロナ禍やウクライナ戦争に起因する世界経済の混乱も相まって、こうした状況を「資本主義の破綻」と考え、強い危機感を抱く人々もいる。しかし、いずれの国も程度の差こそあれ、ある段階で低成長に入ることは歴史的に見て間違いない。だとすれば、このことはそれほど否定的に捉えられるべきだろうか。むしろこれを自然の法則のようなものとして受け入れたうえで、その道程を最適な形で通過するための経済のありかたを模索するほうが生産的であろう。

　高度成長から中成長、そして低成長（安定成長）にいたる経済成長のパターンが存在するとしても、国によってその道筋は多様である。それぞれが持っている資源も違えば、こうした道筋をたどるスピードも異なる。しかし、だからと言って最適解がないわけではない。本書はアジア諸国の具体的なデータと照らし合わせながら、特に生産要素の分配方法に注目した最適な成長パスをモデル化することを目指している。こうしたモデルを考えることで、各国が現在直面している課題を解決し、その国が本来持っているポテンシャルを最大限に発揮することができるようになるはずである。また、成長途上にある国々がどのタイミングで低成長に入るかも予測できるため、成長期とは質的に異なる新たな社会のあり方を前もって模索する契機にもなると期待される。実のところ、本書の究極的な目的はこの点にある。というのも、後述するように、本書のモデルに沿って考えれば、高度成長から低成長への変遷はそれ自体が最適選択の結果であり、したがって資本蓄積を第一義的課題とする社会＝「資本主義社会」からの脱却、つまり「ポスト資本主義」への前進として積極的に価値づけることができる

5

からである。

　本書ではアジア経済に焦点を当てており、特に韓国と中国、インドについては詳細に扱っている。それは中国が経済成長率が低成長に入りつつある国の代表格であること、また韓国が先進国になり切れないまま経済成長の鈍化に苦しんでいる国であること、そしてインドは高度経済成長により日増しにその存在感を高める国の代表格であることに由来する。こうした状況にある三国は、前述のような問題意識をモデル化する際に格好のサンプルとみなすことができるからだ。

　本書が提示する経済成長モデルの基礎となるのは山下・大西（2002）によって構築された2部門経済成長モデル——マルクス派最適成長モデルである。このモデルは物財レベルに書き換えられたマルクス再生産表式によって最適成長経路を計算したものであり、それによって資本主義の生成・発展・死滅という歴史的法則に説明を与えることを意図したものであった。その内容を端的に説明するならば、人間が根源的に保有する生産要素を労働のみとする労働価値説を、近代経済学の手法によって表現した消費財と資本財の2部門モデルである。マルクス派最適成長モデルの主要な結論は、成長過程において資本蓄積率は逓減し、ある「目標値」に収束することで資本主義が蓄積の完了することをもってその歴史的役目を終えるというものである。「資本蓄積」を「経済成長」と読み替えれば、このモデルは現実に起こっている経済成長率の長期的な低下を自然かつ最適なものとして表現することに成功しており、このような点からマルクス派最適成長モデルは経済成長率の低下と対GDP投資比率低下の必然性を分析するのに適しているといえよう。また、マルクス派最適成長モデルでは、各経済主体が分権的に意思決定をした結果、生産要素の2部門への配分比率が最適化することを仮定しているため、そこに表現される数値からは、現実の経済の最適成長を実現するために生産要素をいかに2部門間に配分するべきかを推計でき、政策的な方面への応用も可能である。

ただし、マルクス派最適成長モデルの基本モデル[1]には弱点も存在する。最適経路上における初期値や技術進歩率、労働人口成長率などが考慮されておらず、また、資本財生産部門の生産関数における生産要素の変数としての資本がふくまれていないなど、現実の経済を分析する上での不十分な点が散見されるのだ。実際、マルクス派最適成長モデルの上記のような点を補うべく、理論を拡張しようとする試みもある。たとえば、大西・金江（2015）は資本財生産部門の生産における生産要素として資本を組み込む形でマルクス派最適成長モデルの改良をおこなった。さらに、そのモデルを用いて、Shen（2011）、大西（2012）は中国経済の将来のゼロ成長時期を計算している。しかし、大西・金江（2015）の分析の焦点は定常状態の分析であり、成長過程の分析は行われていなかった。このため、大西（2016）、Shen（2011）などの実証研究は極めて強い仮定をした上での推計となってしまっている。

　本書は以上のような研究の流れを踏まえて、これらのモデルがはらむ問題点を解決し、マルクス派最適成長モデルの基本モデルを、定常状態のみならず成長過程をも分析可能な理論へと発展させることを目的とする。また、改良をおこなった理論モデルを現実の経済にあてはめて分析を行うことで、その適合性を検証する作業も同時におこなう。

　アジア経済を対象にこうした作業をおこなう理由は、前述のとおりアジアの国々が経済成長におけるいくつかのバリエーションを提供してくれるため、理論モデルの実証応用における適合性の確認に適していることにある。また、現在、世界経済の成長を牽引しているアジア経済が、いずれ低成長を迎えるとすれば、そのソフトランディングの方法を探っておくという現実的な意義も大きい。

　本書の構成は大きく3つの部分に分けられる。

　第1、2、3章からなる第1部では、再生産表式論と主流経済学成長理論との比較で、マルクス派最適成長理論の位置付けを考察する。第1章で

1　ここでは、山下・大西（2002）で提示されたオリジナルなモデルをマルクス派最適成長モデルの基本モデルと呼ぶことにする。

はまず再生産表式論の枠組みを紹介し、再生産表式論の意義や問題点を再確認するとともに、近代経済学における成長理論の発展について論じることで、再生産表式論と近代経済学における成長理論との相違を明確にする。それを踏まえたうえで、両者のどちらの側面も備えている２部門経済成長モデルについて言及する。これらの作業によって、再生産表式論の経済成長論分野における位置付けが明らかになるはずだ。第２章では中国におけるマルクス経済学、特に再生産表式論を、数理的な展開と実体経済に当てはめる分析との２つの側面から論じることにより、その現状と課題を明確にする。中国における従来の再生産表式論の展開は、「価値次元」にとどまっており、現実の経済成長を分析するには不十分であるという問題がある。このような課題を克服すべく、近年中国では「物財次元」での分析も可能なモデルとして、山下・大西（2002）によるマルクス派最適成長モデルが盛んに研究されており、こうした学術的流れをおさえておくことは本書の先行研究を整理する意味でも有益であろう。第３章はこうした「価値次元」と「物財次元」の両次元を有するマルクス派最適成長モデルについて言及し、モデルのどのような点がマルクス経済学的であるか、またどのような点において近代経済学的であるかを明らかにする。その後、再生産表式論、新古典派成長理論と比較することを通じて、マルクス派最適成長モデルの成長理論内での位置付けを明らかにする。それと同時に、マルクス派最適成長モデルの経済成長分析への応用可能性についても論じる。

　以上の３章は、マルクスの経済成長論すなわち再生産表式論の数理展開における課題を明らかにしながら、マルクス派最適成長モデルがつくられた背景についても整理するものである。さらに、マルクス派最適成長モデルの紹介を通じて、その枠組み及び意義などに対する理解を深めてもらうことにも注力した。

　第４、５、６章からなる第２部では、マルクス派最適成長論を実証モデルとして扱うためのいくつかの改良を行う。第１部で提示したマルクス派最適成長モデルの基本モデルは現実の経済に当てはめる際にいくつかの課題を抱えているからだ。それらの課題を解決すべく、新たなモデルを構築することが第２部の目的である。まず、第４章では第３章で提示したマ

序文

表 0-1　各章モデルの改良点

モデル	資本財部門における 資本財投入の考慮	人口成長率	技術進歩率
第3章モデル	なし	なし	なし
第4章モデル	なし	あり	あり
第5章モデル①	あり	なし	なし
モデル②	あり	あり	なし
モデル③	あり	あり	あり

ルクス派最適成長モデルの基本モデルに、人口成長率と技術進歩率を組み込む拡張作業を試みる。また、実証研究に必要となる数値解を解きながら、Mathematica を用いた数値解法を提示する。ただし、この時点のモデルはあくまで山下・大西（2002）によるマルクス派最適成長モデルを基礎にしており、資本財生産部門の生産関数において資本投入が考慮されていない。そのため、第5章以降では、資本財生産部門でも資本財投入が行われるマルクス派最適成長モデルを作成して分析する。第5章では、このタイプのマルクス派最適成長モデルを基に、資本財生産部門の生産関数を2生産要素投入型のものに設定した上でそれを実証モデルへと改良していく。その上で、中国経済を例として推計方法も提示する。

　各章におけるモデルの改良点をまとめると表 0-1 の通りである。

　第4、5章の目的はマルクス派最適成長モデルの理論上の改良、および推計方法の提示である。しかし、理論上の改良を行う一方、実証分析をする際に消費財・資本財の2部門データを構築することも同様に重要な課題となる。すなわち、マルクス派最適成長モデルのような消費財・資本財から成る2部門経済成長モデルを実証に応用する場合は、同時に消費財と資本財の2部門に分類されたデータの構築が必要となる。高度成長期が終焉を迎え中成長に入っている中国経済において、消費財生産部門と資本財生産部門の不均衡問題を研究する際にも、こうした2部門データが不可欠になる。そこで、第6章では、先行研究における2部門データの構築成果を

9

踏まえながら、消費財・資本財から成る2部門産業連関表構築の方法も提示する。

　第7、8、9章からなる第3部では、中国、韓国そしてインド経済のこれまでの現実の経済発展経路をたどりながら、その成長パターンの変化を考察する。その上で、第5章で提示した拡張版マルクス派最適成長モデルの実証モデルとしての応用可能性を各国の今後の予測および政策提言を通じて示す。

　第7章では、第2次世界大戦後（1945年〜2019年）の韓国経済の変遷を「戦後復興期→高成長期→中成長期→低成長期」という流れに従って概観する。その上で、現在に至る韓国経済の成長パターンの変容と要因を分析しながら、低成長にある韓国経済の今後のあり方についてマルクス派最適成長モデルを用いて考察を試みる。ここでは、経済成長を図るために不可欠である産業構造の転換に焦点をあて、とくに、消費財生産部門・資本財生産部門の2部門がどのような比率で生産されることが望ましいかについて試算をおこなう。

　第8章では、中国経済を論じる。まず1949年から2020年までの71年にわたる経済発展過程を①戦後復興期—社会主義計画経済、②高成長期、③中成長期の3段階に分けて説明する。次に、中国経済の成長パターンの変容とその要因を分析しながら、中国経済が直面している課題を明らかにする。そして、マルクス派最適成長モデルを用いて今後の中国経済を予測し、「中国崩壊論」に対する筆者の見解を述べる。最後に、最新の第14次5カ年計画を分析し、中国は本章で指摘した課題を克服できるのかを考察してみたい。

　第9章では、近年台頭するグローバル・サウスの代表格であるインドのマクロデータを基に、戦後復興期、経済改革期、高成長期の3つに区分して、その発展を振り返る。その上で、第8章の内容をもとに、経済改革期から高成長期に至るまでのインドと中国における経済構造の相違に焦点をあてて、両国の経済発展に差をもたらした原因を考察する。そして、国内総生産の最適値や資本と労働の部門間における最適分配値の推計を試みる。それをもとに、今後のインド経済のさらなる発展に資する提言をおこなっ

てみたい。最後に中国とインドの経済発展が到達しうる「最適値」、すなわち経済的なポテンシャルを試算し、両国の経済発展の差をより明確に示す。

　以上の構成からもわかる通り、本書は理論と現実を行き来しながら、アジア経済、ひいては世界経済のこれまでのあり方を理論化し、今後をうらなう試みである。そのために時として数式を使うことにもなるが、理論的な部分に関しては数式を飛ばしてもある程度理解できるように記述している。なかでも第2部は専門的な数式を扱うことになるが、数式を追うことに慣れていない読者は、第2部を飛ばして直接第3部に進んでもらっても構わない。第3部の実証部分を見れば、本書が提示するモデルの意味は十分理解できるはずである。本書が冒頭にも述べた通り、現在到来しつつある「ポスト資本主義」時代の経済のありかたを考えるヒントになってくれれば、望外の喜びである。

第 1 部
経済成長理論分野における
マルクス派最適成長モデルの位置付け

第1章　経済成長理論分野における再生産表式論の位置付け

1. はじめに

　経済成長理論の歴史は、古典派経済学にまで遡ることができる。その中で、経済成長理論に大きく貢献したのがマルクスであると考えられる。マルクスは『資本論』で、不変価値を認識していないというスミスの価値に対する不十分な理解、及び個人的消費と生産的消費との混同を批判した。その上、価値は価値で補填し、素材は素材として補填する必要があることを強調した。このような一連の発想に基づき、経済成長を分析するモデルである再生産表式を構築した。1920 年代のソビエト・ロシアで経済成長理論の先駆的な研究である Feldman（1928 [1964]）のモデルは、再生産表式論をベースに数理的展開を行ったもので、それは、経済成長論分野における初めての数理的モデルであったと考えられる。Durlauf and Blume（2008）は経済成長論分野において、Feldman（1928 [1964]）のモデルは近代経済学の成長理論よりも早い段階に構築されたものである[1]と述べている。それを認めて、Domar（1957）は Feldman（1928 [1964]）のモデルを洗練されたものとして高く評価している。

　Morishima（1973）は、マルクスの再生産表式論とワルラスの資本蓄積論はともに、動学的一般均衡理論の生みの親だと論じ、マルクスの再生産表式論は経済成長理論の原型とみなしうるとも主張した。Domar（1952）は、経済成長モデルの起源はマルクスにまで遡ることができると述べ、経済学の諸学派において、重要な経済理論の発展に最も接近しているのはマ

1　Durlauf and Blume（2008）p. 569.

ルクス主義者であるとマルクスの経済成長理論分野に対する貢献を評価した[2]。Orzech and Groll（1983）は、マルクス経済学における経済成長分析に関する研究はハロッド・ドーマーモデルより早くから始まったものだと言及した[3]。また、Samuelson（1974）も、スラッファ＝レオンチェフ型多部門経済成長モデルで考えた安定成長経路問題を最初に論じたのはマルクスの再生産表式論によるものとし、杉谷（1997）も経済発展にかかわる理論の系譜を論じる際、「現代的観点から見ると、技術革新が経済成長の第二の、ことによると第一の推進力であるという観念に十分の注意を払ったのはマルクスだけであった」[4]と、マルクスの経済成長論分野への貢献を認めている。さらに、近代経済学の成長理論の中核としての「動学的一般均衡理論」における「動学」・「成長」などの用語も、マルクス派の経済学者によって最初に使われたものである[5]。マルクスは成長理論学者であるとWood（1988）は認めている[6]。

　本章は、再生産表式論の経済成長論分野における位置付けを明らかにすることを試みる。具体的には、まず、再生産表式論の枠組みを紹介し、再生産表式論に対する理解の再確認を行う。次に、近代経済学の成長理論の発展を踏まえて、近代経済学の成長理論の展望を述べる。そして、再生産表式論と近代経済学における主要な成長理論との相違を明確にした上で、再生産表式論と近代経済学の成長理論との融合であると考えられる2部門経済成長モデルを説明する。これらによって、再生産表式論の経済成長理論分野における位置付けを考察する。

2　Domar（1952）p. 479.

3　Orzech and Groll（1983）p. 529.

4　杉谷（1997）p. 26.

5　呉（2011）p. 197.

6　Wood（1988）pp. 165, 172.

第1部　経済成長理論分野におけるマルクス派最適成長モデルの位置付け

2. 再生産表式論

(1) 単純再生産表式

　マルクスは再生産表式論を、資本蓄積を捨象した単純再生産表式と、資本蓄積が存在し、かつ剰余価値が資本へ転化することを考慮した拡大再生産モデルの2つに分けて提示している[7]。Feldman（1928［1964］）は、再生産表式論をベースに数理展開を行ったが、それは、経済成長論分野における初めての数理的モデルであったと考えられる。Durlauf and Blume（2008）も「経済成長理論分野において、Feldman（1928［1964］）のモデルは近代経済学の成長理論よりも早い段階に構築されたものである」（引用者訳）[8]と述べた。Domar（1957）もそれを認めて、このモデルを洗練されたものとして高く評価した。

　単純再生産表式は次のように表現できる。

$$W_{1t} = C_{1t} + V_{1t} + M_{1t} \tag{1}$$

$$W_{2t} = C_{2t} + V_{2t} + M_{2t} \tag{2}$$

　これは社会全体における生産部門を資本財生産部門と消費財生産部門に分け、$i = 1,2$で表し、1、2の2部門が存在することを意味する。W_{it}は、それぞれの部門がt期（年）に生産する総生産物の価値量である。C_{it}は、生産にあたって工場や機械や原料等の資本財を買うために必要な資本—不変資本を表す。V_{it}は、労働力を購入するための支出で、可変資本を表す。M_{it}は、労働力が生産された価値とその労働力に支払われる価値の間の差であり、これは剰余価値といわれる。

　こうした社会単純再生産が成り立つにはC_{it}、V_{it}、M_{it}の消費と価値構成・

7　ここでの再生産表式論の表現は小幡（2009）及び大西（2012, 2015）にならった。拡大再生産表式の場合も同じである。

8　Durlauf and Blume（2008）p. 569.

16

配分との関係が、

$$C_{2t} = V_{1t} + M_{1t} \tag{3}$$

という式を満たさなければならない。2部門間に以上のような関係が成立することで、単純再生産が実現できる。第1部門における可変資本と剰余価値の総額は、第2部門の不変資本に等しくなければならない。単純再生産においては、資本財生産部門における資本家と労働者の消費財に対する需要は、消費財生産部門における資本家の資本財に対する需要と、価値次元において等しいのである。

『資本論』では次の数値例を用いて、単純再生産を説明した。なお、実線で囲まれた部分は価値次元で等しい。

$$\text{I} \quad 4000C_1 + \boxed{1000V_1 + 1000M_1} = 6000W_1 \tag{4}$$

$$\text{II} \quad \boxed{2000C_1} + 500V_1 + 500M_1 = 3000W_1 \tag{5}$$

さらに、(3) 式を (1) 式に代入すると、

$$W_{1t} = C_{1t} + C_{2t} \tag{6}$$

となる。第1部門により生産されたすべての資本財の価値は、第1部門と第2部門の不変資本と等しくなることを表す。

同様に、(3) 式を (2) 式に代入すれば、

$$W_{2t} = (V_{1t} + M_{1t}) + (V_{2t} + M_{2t}) \tag{7}$$

が得られる。第2部門で生産された生産物の総価値は、第1部門と第2部門の可変資本と剰余価値和と等しくなるということを表す。

以上の式から、単純再生産の場合における部門間の比率は、

$$\frac{W_{1t}}{W_{2t}} = \frac{C_{1t} + C_{2t}}{V_{1t} + M_{1t} + V_{2t} + M_{2t}} \tag{8}$$

となる。

第1部　経済成長理論分野におけるマルクス派最適成長モデルの位置付け

　こうして、社会単純再生産を実現するには、以上のような3つの関係が成り立っていることが必要となる。資本蓄積が捨象されたこれらの条件の下では、生み出された剰余価値はすべて資本家によって消費され、それと同規模の生産が継続される。要するに、単純再生産モデルにおいては、資本貯蓄と追加投資を行わず、単純に両部門間での価値構成と価値配分を行うのみである。

(2) 拡大再生産表式

　マルクスは『資本論』で、資本主義における商品生産、流通、購買の過程を「$G \to W \to G'$」と表した。その過程では、通常の商品交換と異なり、「貨幣－商品－貨幣$+\alpha$」という流れによって、資本家が所有する貨幣が増加する。資本家はこの過程を繰り返し、「$G \to W \to G' \to W \to G'' \to W \to G''' \cdots$」という形で価値の増殖を図る。そこで、増殖した剰余価値をさらに投資にあて、生産要素の追加ないし生産技術の上昇などの活動を行う。このように、マルクスは資本主義の本質が「資本」の「無限に自己増殖する価値運動」にあるとし、拡大再生産表式を構築した。拡大再生産表式は次のように表現される。

$$W_{1t} = C_{1t} + V_{1t} + M_{1t(m)} + M_{1t(v)} + M_{1t(k)} \tag{9}$$

$$W_{2t} = C_{2t} + V_{2t} + M_{2t(m)} + M_{2t(v)} + M_{2t(k)} \tag{10}$$

　ここで、2部門の剰余価値M_{1t}、M_{2t}のうち、$M_{1t(k)}$と$M_{2t(k)}$は資本家の私的消費にあてられる部分を表し、$M_{1t(m)} + M_{1t(v)}$と$M_{2t(m)} + M_{2t(v)}$は不変資本と可変資本に新たに投入される部分を表す。ΔC_{it}、ΔV_{it}、α_iを、各部門に追加される不変資本、可変資本及び蓄積率と定義すれば、

$$\alpha_1 M_{1t} = \Delta V_{1t} + \Delta C_{1t} \tag{11}$$

$$\alpha_2 M_{2t} = \Delta V_{2t} + \Delta C_{2t} \tag{12}$$

$$(1 - \alpha_1) M_{1t} = M_{1t(k)} \tag{13}$$

$$(1 - \alpha_2) M_{2t} = M_{2t(k)} \tag{14}$$

であるから、(9)、(10) 式は、

$$W_{1t} = C_{1t} + V_{1t} + (1 - \alpha_1)M_{1t} + \Delta V_{1t} + \Delta C_{1t} \tag{15}$$

$$W_{2t} = C_{2t} + V_{2t} + (1 - \alpha_2)M_{2t} + \Delta V_{2t} + \Delta C_{2t} \tag{16}$$

と書き換えることができる。

新たな ΔC_{1t}、ΔC_{2t} は、さらに第 1 部門によって追加生産され、ΔV_{1t}、ΔV_{2t}、$(1 - \alpha_1)M_{1t}$、$(1 - \alpha_2)M_{2t}$ は第 2 部門から供給されなければならないので、

$$(1 - \alpha_1)M_{1t} + V_{1t} + C_{1t} = C_{1t} + \Delta C_{1t} + \Delta C_{2t} + C_{2t} \tag{17}$$

$$(1 - \alpha_2)M_{2t} + V_{2t} + C_{2t} + \Delta C_{2t} + \Delta V_{2t}$$
$$= V_{1t} + V_{2t} + (1 - \alpha_2)M_{2t} + \Delta V_{2t} + \Delta V_{1t} + (1 - \alpha_1)M_{1t} \tag{18}$$

となる。これを整理すると、

$$(1 - \alpha_1)M_{1t} + V_{1t} + \Delta V_{1t} = \Delta C_{2t} + C_{2t} \tag{19}$$

$$C_{2t} + \Delta C_{2t} = V_{1t} + \Delta V_{1t} + (1 - \alpha_1)M_{1t} \tag{20}$$

さらに、

$$C_{2t} + \Delta C_{2t} + C_{1t} + \Delta C_{1t} = W_{1t} \tag{21}$$

となることから、資本財生産部門により供給される資本財は、両部門の拡大再生産に必要な資本財の需要量と等しくなることがわかる。

なお、$\Delta C_{2t} = \Delta C_{1t} = 0$ ならば、単純再生産の場合と同じく、(6) 式が成り立っている。

同じく (16)、(20) 式から、

$$V_{2t} + \Delta V_{2t} + V_{1t} + \Delta V_{1t} + (1 - \alpha_1)M_{1t} + (1 - \alpha_2)M_{2t} = W_{2t} \tag{22}$$

が得られる。さらに、これらによって、

$$V_{1t} + \Delta V_{1t} + (1 - \alpha_1)M_{1t} = C_{2t} + \Delta V_{2t} \tag{23}$$

が成り立つ。同様に、$\Delta V_{2t} = \Delta V_{1t} = 0$、$\alpha_1 = \alpha_2 = 0$ であれば、単純再生産の場合に導いた (3) 式が成立する。

ただし、拡大再生産におけるΔV_{2t}、ΔV_{1t}、ΔC_{1t}、ΔC_{2t} は、いずれもゼロより大きいため、$C_{2t} > V_{1t} + M_{1t}$ となる。

また、拡大再生産の場合における部門間の価値の比率は、

$$\frac{C_{1t} + C_{2t} + \Delta C_{1t} + \Delta C_{2t}}{V_{1t} + + \Delta V_{1t} + (1 - \alpha_1)M_{1t} + V_{2t} + \Delta V_{2t} + (1 - \alpha_2)M_{2t}} \tag{24}$$

を満たさなければならない。

単純再生産の場合とは異なり、拡大再生産の場合には、資本家が貯蓄した資本の一部が追加投資にあてられることで、各部門における生産規模が拡大し、生産量も増加する。

『資本論』では、それらの条件を満たす数値例として次のようなものを示した。

$$\text{I } 4000C_1 + 1000V_1 + 1000M_1 = 6000W_1 \tag{25}$$

$$\text{II } 1500C_2 + 750V_2 + 750M_2 = 3000W_2 \tag{26}$$

(25) 式では、資本の有機的構成が一定の下、資本財生産部門における剰余価値（$1000M_1$）のうち$500M_1$を新規投資として、不変資本に$400C_1$、可変資本に$100V_1$を回せば、

$$\text{I } 4000C_1 + 400C_1 + \boxed{1000V_1 + 100V_1 + 500M_1} = 6000W_1 \tag{25}'$$

となる。

それと対応する消費財生産部門の生産を表す (26) 式は、

$$\text{II } \boxed{1600C_1} + 800V_1 + 600M_1 = 3000W_1 \tag{26}'$$

となる。なお (25)′、(26)′ 式の括弧の部分は等しい。

剰余価値率が一定である場合、次期における拡大再生産表式は

$$\text{I } 4000C_1 + 400C_1 + 1000V_1 + 100V_1 + 1100M_1 = 6600W_1 \qquad (25)''$$

$$\text{II } 1600C_1 + 800V_1 + 800M_1 = 3200W_1 \qquad (26)''$$

となる。

さらに、次々期における拡大再生産表式は

$$\text{I } 4000C_1 + 400C_1 + 440C_1 + 1000V_1 + 100V_1 + 110V_1 + 1100M_1 + 110M_1$$
$$= 7260W_1 \qquad (25)'''$$

$$\text{II } 1600C_1 + 160C_1 + 800V_1 + 80V_1 + 800M_1 + 80M_1 = 3520W_1 \qquad (26)'''$$

となる。マルクスは『資本論』において、以上のように拡大再生産表式を説明し、拡大再生産を実現するための条件を明らかにした。

3. 再生産表式論の下での経済成長要因分析

(1) 再生産表式論をベースとした経済成長要因分析

再生産表式論は以下のような特徴を挙げることができる。まず、再生産表式論は短期的な分析と長期的な分析のどちらも応用が可能なモデルである。短期的な分析では商品交換経済における生産と交換のプロセスが考察の対象となり、長期的な分析では経済構造の変化が考察の対象となる[9]。次に、再生産表式論は静学モデルとしても動学モデルとしても用いることができる。単純再生産モデルでは価値の形成と増加の過程を統一し、拡大再生産では生産と再生産の視点から社会的生産の長期的な分析を行っている。最後に均衡や不均衡に関する問題も再生産表式において考察可能である。均衡が実現される条件は、静学分析の下では資本財生産部門と消費財生産部門の比が一定となることであり、動学分析の下では (24) 式が満たされることである。すなわち、経済が均衡を保って成長するためには (22)、(23)、(24) 式が成立していなければならない。

---

9 呉（2011）p. 194.

ここで、不変資本と可変資本の比率である資本の有機的構成k_{it}は、

$$k_{it} = C_{it}/V_{it} \quad (i = 1,2) \tag{27}$$

で表される。これは、資本財の量と、それを動かすのに必要な労働力の量との関係を反映したものである。そして、剰余価値率(e_{it})は剰余価値と可変価値の比率、すなわち、

$$e_{it} = M_{it}/V_{it} \quad (i = 1,2) \tag{28}$$

であり、これを搾取率ともいう。

また、利潤(m_{it})率を、

$$m_{it} = \frac{M_{it}}{C_{it} + V_{it}} \quad (i = 1,2) \tag{29}$$

で表す。

資本家がある一定の貯蓄率a_iで蓄積ないし投資を行うと仮定すれば、生産拡大により増加した労働力と資本財は、

$$a_i M_{it} = \Delta C_{it} + \Delta V_{it} \tag{30}$$

となる。単純再生産の場合は貯蓄率は$a_i = 0$である。ここでは、労働者階級は貯蓄を行わずに得られる賃金所得をすべて消費財の購入に回して、資本家だけが貯蓄すると仮定する。すると、

$$a_i m_{it}(C_{it} + V_{it}) = \Delta C_{it} + \Delta V_{it} \tag{31}$$

が成立する。さらに、(27) 式から、

$$C_{it} = V_{it} k_{it} \tag{32}$$

が得られ、それを (31) 式に代入すると、

$$a_i m_{it} V_{it}(1 + k_{it}) = \Delta C_{it} + \Delta V_{it} \tag{33}$$

となる。

これを書き換えると、

$$W_{it} = (1 + m_{it})(k_{it} + 1)V_{it} \qquad (34)$$

となる。

　競争市場における各産業部門の利潤率は均等化するので、利潤率は経済成長には影響しないものと考えられる。すると、各部門における産出増加への影響があるのは、可変価値と、資本の有機的構成である。よって、経済成長方程式として

$$\Delta W_i = (1 + m_{it})V_{it}\Delta k_i + (1 + m_{it})(k_{it} + 1)\Delta V_i \qquad (35)$$

が成り立つ。

　さらに、これを (34) 式で割ると、

$$\frac{\Delta W_i}{W_{it}} = \frac{1}{\frac{1}{\Delta k_i} + \frac{k_{it}}{\Delta k_i}} + \frac{\Delta V_i}{V_{it}} \qquad (36)$$

となり、価値レベルの経済成長率 ($\frac{\Delta W_i}{W_{it}}$) は、資本の有機的構成の増加率 ($\frac{\Delta k_i}{k_{it}}$) と可変資本の変化率 ($\frac{\Delta V_i}{V_{it}}$) に分解できる。拡大再生産の場合は可変資本と不変資本への投下がともに増加し、これによって生産技術が効率化され、経済成長が図られるということも分かる。マルクス以前の経済学者は生産要素の増加が生産量の上昇に貢献すると認識していたが、マルクスは、生産技術も経済成長に寄与することを初めて指摘した。新古典派成長モデルに先行するという点で非常に意義のあることである。この意味で、近代経済学の成長理論の起源をマルクスにまで遡ることができるとの Domar（1952）の主張には根拠があろう。

(2) 再生産表式論における初めての数理展開

　1920 年代にソ連のマルクス経済学者は、独自に社会再生産表式論の数理展開を行った。その 1 人である Feldman（1928 ［1964］）のモデルであ

る。Feldman（1928［1964］）のモデル[10]から2つの結論が得られる。1つは2部門における資本ストックの比率に関するもので、より高い経済成長率を図るために、資本財生産部門における資本ストックを高めなければならないという主張である。

他の1つは2部門における投資の配分比率についてである。均衡成長経路に沿って、2部門における投資比率は、2部門の資本ストックの比率と同じでなければならない。

Feldman（1928［1964］）の説明は複雑であるため、Domar（1957）は以下のようにモデルを簡潔にした。rは第1部門に配分する投資の比率とする。Iは年純投資であり、2部門においてそれぞれI_1、I_2とする。Vは資本の運営の効率性を表し、2部門ではそれぞれV_1、V_2である。Cは消費財の生産量で、Yは国民所得である。C_0、I_0、Y_0はそれぞれ各変数の初期値である。rの定義から、$I_1 = rI$となる。第1部門における生産力の増加は、I_1により、$\frac{dI}{dt} = \frac{I_1}{V_1}$である。この式から、

$$I = I_0 e^{\frac{r}{V_1}t} \tag{37}$$

が得られる。また$I_2 = (1 - r)I$、であるため、

$$I_2 = (1 - r)I_0 e^{\frac{r}{V_1}t} \tag{38}$$

I_2の増加により、第2部門の生産力が上昇するため、

---

[10]　インドの経済計画の基礎となったマラハノビス・モデルも Feldman（1928［1964］）のモデルの展開系譜に属するものである。

$$\frac{dC}{dt} = \frac{I_2}{V_2} = \frac{1-r}{V_2} e^{\frac{r}{V_1}t} \tag{39}$$

$$C = C_0 + \left(\frac{1-r}{r}\right)\frac{V_1}{V_2}\left(e^{\frac{r}{V_1}t} - 1\right) \tag{40}$$

$$\frac{dY}{dt} = \frac{dC}{dt} + \frac{dI}{dt} = \frac{V_1 - r(V_1 - V_2)}{V_1 V_2} e^{\frac{r}{V_1}t} \tag{41}$$

$$Y = I + C = Y_0 + [(\frac{1-r}{r})\frac{V_1}{V_2} + 1](e^{\frac{r}{V_1}t} - 1) \tag{42}$$

が満たされる。なお、ここでは$I_0 = 1$と基準化する。

　成長率は資本の蓄積率及び資本の運営の効率性によって決まり、資本財生産部門の投資比率と資本の運営の効率性の比率$\frac{r}{V_1}$が高くなるに従って、経済成長率も上昇するとの結論が得られる。

　先述の通り、Domar（1957）は Feldman（1928［1964］）のモデルが成長理論分野における初めての数理モデルであるとした。Durlauf and Blume（2008）も、経済成長論分野において、Feldman（1928［1964］）のモデルは近代経済学の成長理論よりも早い段階に構築された数理モデルであると述べた。

4. 近代経済学の成長理論

(1) 近代経済学の成長理論の発展

　Barro and Sala-i-Martin（2004）によると、近代経済学の成長理論の発展には3つの波がある。第一の波は、乗数・加速度原理に立脚したハロッド＝ドーマーの新ケインズ派成長モデルによって引き起された。Harrod（1939）と Domar（1946）によれば、ケインジアンの分析を経済成長の要素と統合させる試みであったハロッド＝ドーマーモデルは、投入物の代替の不可能な生産関数を使用し、経済成長が不安定であることを証明することで資本主義体制の不安定性を示した。第2の波は、1950年代に新古典派成長理論の基礎を築いたソロー＝スワンモデルである。ソロー＝

第1部　経済成長理論分野におけるマルクス派最適成長モデルの位置付け

スワンモデルは Solow（1956）と Swan（1956）によって構築された。その重要な側面は新古典派的な生産関数を用いる点にあり、そのような生産関数の下で貯蓄率一定の仮定を置いた、簡単な一般均衡モデルである。モデルから得られる帰結は2つあり、1つは条件付き収束性であること、もう1つは技術の継続的な進歩がない場合、1人あたりの成長はやがて停止するということである。そして、Cass（1965）と Koopmans（1965）は、Ramsey（1928）による消費者の最適化に関する分析をソロー＝スワンモデルに取り込み、基本的な新古典派経済成長モデルを完成させた。第3の波は Romer（1986）と Lucas（1988）の論文を始めとして発展した内生的成長理論である。このような研究は、1人あたりの長期成長率が外生的な技術進歩率によって定められているという新古典派の欠点を回避する試みでもあり、モデル内で長期的成長率を決定するようにモデルを改良している。また、内的成長理論では人的資本、技術進歩率など、より現実の経済を反映できる要素をモデルに内生的に取り組むことに注力している。これらの研究において、成長を内生的に創出するメカニズムを明らかにするには、2つのアプローチがある。1つは、新古典派成長モデルに組み込まれる資本に対する収穫逓減の仮定を除去することであり、もう1つは、成長過程にスピルオーバー効果ないし外部性を取り込むものである。本節は、近代経済学の成長理論における代表的なモデルの枠組みを説明する。

(2) ハロッド＝ドーマーモデル

ハロッド＝ドーマーモデルの問題意識は、ケインズの『一般理論』の動学化にあった。ハロッド＝ドーマーモデルでは、投資と貯蓄の関係は、

$$I \equiv \dot{K} = S = sY \tag{43}$$

である。

ここで、S は貯蓄、s は貯蓄率、I は投資、$I \equiv \dot{K}$ は投資の資本ストックへの付加を示す。Y は産出量である。(43) 式より、

第 1 章

$$\dot{K} = S = sY \tag{44}$$

両辺に$\frac{1}{\dot{Y}}\frac{\dot{Y}}{Y}$をかけて、

$$\frac{\dot{Y}}{Y}\frac{\dot{K}}{\dot{Y}} = s \tag{45}$$

となる。$\frac{\dot{Y}}{Y}$は現実の成長率 G、$\frac{\dot{K}}{\dot{Y}}$は資本係数 C である。よって、ハロッド＝ドーマーモデルの基本方程式は、

$$\frac{\dot{Y}}{Y}\frac{\dot{K}}{\dot{Y}} = s = GC \tag{46}$$

となる。そして、自然成長率G_nを定義し、これは人口の増加と技術進歩によって可能となる成長率であるから、

$$G_n = n + \alpha \tag{47}$$

と表される。

また、設備を完全に利用する場合の成長率を保証成長率G_wと定義する。完全利用を保証する所得の成長にとって必要な投資量をI_rとするが、これは生産者の自由な意思決定で与えられる値でないことに注意されたい。こうして、保証成長率、必要投資量、必要投資係数（C_r）の三者の関係は、

$$G_w = \frac{I_r}{Y C_r} \tag{48}$$

となる。

また、I_rは貯蓄に等しいため、

$$C_r G_w = s \tag{49}$$

となる。

さらに、均衡成長であれば、$G_w = G_n$ が成立しなければならないので、

$$\frac{s}{C_r} = \alpha + n \tag{50}$$

27

第1部　経済成長理論分野におけるマルクス派最適成長モデルの位置付け

が満たされる。

　しかし、それらのパラメーターは互いに独立であるため、この条件の成立は偶然によることになる。

　さらに、均衡成長が成立する際は、

$$G = \frac{s}{C_r} = \alpha + n \tag{51}$$

となる。経済成長率は人口成長率、技術進歩率、貯蓄率の増加関数である。ハロッド＝ドーマーの成長理論は、経済成長の要因である資本蓄積と生産技術、人口増加、需要要因としての貯蓄性向などの関係を解明した。

　現実の経済成長率と保証成長率の関係については、$G > G_w$ であれば、$GC = s = G_w G_r$が成立するため、$C < G_r$となる。すなわち、投資が不足となり、資本ストックは増加する。その結果、Gはさらに上昇する。$G < G_w$の時、逆パターンとなり、Gは減少している。

　以上のように、ハロッド＝ドーマーモデルでは自然成長率にたどり着くことがほぼ不可能である。例え自然成長にたどり着いても、いったん均衡から離れれば回復は困難であり、この現象はナイフエッジ原理ともいわれる。このようにハロッド＝ドーマーモデルの意義は資本主義の不安定性を示したことにある。

(3) 新古典派成長理論

1）ソロー＝スワンモデル

　ハロッド＝ドーマーモデルにおいては、資本係数、人口成長率、貯蓄率などは固定であり、生産要素の代替性は存在しないものと仮定されていた。Solow（1956）はハロッド＝ドーマーモデルが固定的生産係数の仮定を置くことで、不安定均衡体系となった点と、通常の短期的分析のツールで長期の問題を扱っている点をモデルの問題点であると指摘した。つまり、ハロッド＝ドーマーモデルでは、乗数、加速度、資本係数などの要因で長期的な問題を扱っているのである。その後、Solow（1956）はそれらの点について変更を加えることにより、$G_w = G_n$ などが常に一致するような体系

の構築を試み、次の諸仮定を加えた。①生産要素間の代替性が効く生産係数を導入し、規模に関する収穫一定である。②前期の貯蓄に見合うだけの投資を計画する。なお、投資の2重性は考慮しない。これにより、$G = G_w$ の成立を前提とするのである。

ソロー＝スワンモデルは次のように表現できる。

$$I = \dot{K} = sY \tag{52}$$

$$Y = F(K, AL) \tag{53}$$

ここで、ALは効率労働である。生産関数は規模に関して収穫一定という性質を持ち、一次同次である。すなわち、

$$\lambda F(K, AL) = F(\lambda K, \lambda AL) \qquad \lambda > 0 \tag{54}$$

である。また、労働人口は

$$L_t = L_0 e^{nt} \tag{55}$$

とし、完全雇用が常に成立すると仮定する。また、

$$I = \dot{K} = sY = sF(K, AL) \tag{56}$$

が成立し、これはハロッド＝ドーマーモデルでの、

$$G_w = G_n \tag{57}$$

を意味している。

そこで、資本が完全に利用されるという意味での保証成長率は$\frac{\dot{K}}{K}$で、上の式から、

$$\frac{\dot{K}}{K} = \frac{sY}{K} = \frac{sF(K, AL)}{K} = \frac{sALF(\frac{K}{AL}, 1)}{K} \tag{58}$$

ここで、効率労働AL単位あたりの資本をkとおくと、$k = \frac{K}{AL}$である。また、$F\left(\frac{K}{AL}, 1\right)$は$k$による関数$f(k)$と書き換えられるから、(58)式より

29

第1部　経済成長理論分野におけるマルクス派最適成長モデルの位置付け

$$\frac{\dot{K}}{K} = \frac{sf(k)}{k}$$

(59)

である。

一方、自然成長率は効率労働の成長率となり、すなわち、

$$\frac{(\dot{AL})}{AL} = \frac{\dot{A}}{A} + \frac{\dot{L}}{L} = \alpha + n$$

(60)

なので、保証成長率と自然成長率の関係として

$$\frac{sf(k)}{k} = \alpha + n$$

(61)

が成り立つ。

　新古典派理論では、効率労働単位の資本の限界生産力が逓減する。そこで、$sf(k)$と$(\alpha + n)k$がグラフ上で交わることとなり、均衡成長経路の存在が保証される。

　また、ソロー＝スワンモデルでは、

$$\dot{k} = sf(k) - (\alpha + n)k$$

(62)

となる。

　$k < k^*$であれば、$(\alpha + n)k > sf(k)$から、kはk^*まで低下する。一方、$k < k^*$なら、$(\alpha + n)k < sf(k)$から、kはk^*に近づく。よって、モデルは平衡点で安定である。

　ソロー＝スワンモデルは、可変的投入係数を持つ生産関数を設定することにより、ハロッド＝ドーマーモデルにおける均衡成長の保証条件を満たす。この状態では、産出と資本は一定の成長率で増加し、均衡から乖離しても復帰する傾向にある。以上より、ソロー＝スワンモデルの帰結は次のように要約される。第一に、モデルの条件を満たす均衡成長経路はただ1つで、その経路上でのすべての水準で変数の成長率は、所与の労働力人口成長率及び技術進歩率と一致する。第二に、1人あたりの資本ストックのいかなる初期状態から出発しても、経済は長期的に特定の成長経路に収束

30

する。ソロー＝スワンモデルは、資本ストックの投入量の増大・人口成長・技術進歩を経済成長の要因として定式化した。

　2）ラムゼイ＝キャス＝クープマンズモデル

　ソロー＝スワンモデルの抱える欠点の一つは、貯蓄率が外生的で、かつ一定であるということである。経済の成長プロセスをより完全に表現するには、完全競争的市場での最適行動主体である家計と企業の消費経路と貯蓄率がそれぞれ決定されるようなモデルが必要となる。このような問題意識をもとに、Cass（1965）と Koopmans（1965）は、Ramsey（1928）によって提唱された消費最適化の分析をソロー＝スワンモデルに取り入れ、貯蓄率の決定を内生化した。

　具体的には、ソロー＝スワンモデルでの、$I = \dot{K} = sY$ を、

$$C = F(K, AL) - \dot{K} \tag{63}$$

と書き換えるのである。ここで、C は家計の消費を表し、1人あたりの消費は c と表す。

　モデルでは、家計の効用が最大化されるように消費量が決定されるとしている。モデルの基本構造は以下のようになる。

$$\max_{k,c} U = \int_0^\infty u(c)e^{-\rho t}dt$$

s.t.

$$\dot{k} = f(k) - nk - c,$$

$$\text{given} \quad k(0) \tag{64}$$

　$u(c)$ は効用関数であり、1人あたりの消費に関して増加的で、凹関数である。ここで考える問題は、通時的な予算の制約条件のもとで、無限期間を生きる家計の効用を最大化するような消費と貯蓄を選択する問題である。

　さらに、モデルの解法についても、ソロー＝スワンモデルなどでの古典二分法を放棄した上で、最大値原理を用い、最適貯蓄率を計算した。

第1部　経済成長理論分野におけるマルクス派最適成長モデルの位置付け

まず、現在価値ハミルトニアンを次のように設定する[11]。

$$\Gamma = \frac{c^{1-\theta} - 1}{1 - \theta} + \lambda[f(k) - nk - c] \tag{65}$$

ここで、λはシャドウ・プライスである。

最大化のための一階条件を整理すると、モデルの解として、

$$\frac{\dot{c}}{c} = \frac{u'(c)}{u''(c)c}[f'(k) - n - \rho] \tag{66}$$

が得られる。

　ラムゼイ＝キャス＝クープマンズモデルでは、貯蓄率は1人あたりの資本ストックkの関数である。このような拡張によって、モデルの動学的性格はより現実の経済に即したものとなり、基本的な新古典派成長モデルの枠組みが確立されるのである。ソロー＝スワンモデルと同様、ラムゼイ＝キャス＝クープマンズモデルでも、均衡状態に到達すると、産出と資本ストックは人口成長率と技術進歩率の和で持続的に成長するとの結論に至った。しかしながら、このモデルでは、技術進歩率は外生のままであった。

(4) 内生的成長モデル

　ソロー＝スワンモデルとラムゼイ＝キャス＝クープマンズモデルにおいて、技術進歩率は外生的に与えられるものとした。このような工夫によって、上記の2つモデルは条件付き収束性を持ち、長期的に一定の成長率が持続されるとの結論を得る。

　これに対して、技術進歩率などを内生化するよう試みたのが内生成長理論である。内生的成長理論において、成長を内生的に創出するメカニズムを明らかにするには2つのアプローチがある。1つは、新古典派成長モデルにおける資本に対する収穫逓減の仮定を除去することである。その簡単な例として、Rebelo（1991）により構築された資本に対する収穫一定を仮

11　ここでの効用関数を通常の CRRA 型効用関数と設定されている。

定した AK モデルがある。もう 1 つは、成長過程にスピルオーバー効果、あるいは外部性を取り込むことによって成立するアプローチであり、そこでは生産投入量を再生産可能な資本の形態とみなす。この方法には、資本を物的資本と人的資本の 2 種類に分けて考えるモデルがある。Frankel (1962)、Griliches (1979)、Romer (1986)、Lucas (1988) などは、スピルオーバー効果が中心的な役割を演じるモデルを構築した。

Romer モデルの枠組み [12] は [13]、

$$\max_{i,c} U = \int_0^\infty u(c)e^{-\rho t}\,dt$$

s.t.
$$\dot{x} = f(x,n) - i - c$$
$$\dot{n} = g(i,n)$$
$$x \geq 0, n \geq 0 \tag{67}$$

である。ここで、x は労働や、物的資本知識以外のあらゆる生産要素の量、n は知識の量、i は知識の生産に投入される消費財の量を表す。その他の設定は、新古典派成長モデルと一致する。このモデルでは、収穫逓増の性質を持つ生産関数を置いても、一定の条件下では最適化問題の解が得られることを示した。また、同モデルの帰結の 1 つは、1 人あたりの消費及び「知識」資本が持続的に成長し得るという点である。

Lucas (1988) は、Uzawa (1965) によって開発されたモデルを再構築した [14]。

---

12 ここでの Romer モデルの枠組みの表現は重原・大庭 (1991) にならった。

13 数式モデルとしての解法は、基本的には新古典派最適成長モデルと同様であるため解説を省略する。

14 ここでの Lucas モデルの枠組みの表現は重原・大庭 (1991) にならった。

第1部　経済成長理論分野におけるマルクス派最適成長モデルの位置付け

表1-1　再生産表式論と近代成長理論との比較

	再生産表式論	近代経済学の成長理論			
		ハロッド＝ドーマーモデル	新古典派成長モデル		内生的成長モデル
			ソロー＝スワンモデル	ラムゼイ＝キャス＝クープマンズモデル	
基礎となる価値各説	労働価値説	なし		効用価値説	
表示次元	価値	物財・価格			
経済主体	資本家労働者	個人行動は考慮していない		社会計画者モデル：社会計画者 分権的市場モデル：家計・企業	
経済主体の選択行動が明示されているかどうか	なし			効用最大化（消費・余暇）企業：利潤最大化	
財の種類	2財モデル消費財・資本財	1財に集計されたマクロモデル			
経済成長の安定性	検討の対象外	不安定	安定		
技術の表現方式	資本の有機的構成	外生的技術進歩			内生的技術進歩率

出所：筆者作成

$$\max_{\text{v,c}} U = \int_0^\infty u(c)e^{-\rho t}\, dt$$

s.t.

$$\dot{k} = f(k, vh) - i - c$$

$$\dot{h} = h\delta(1 - v)$$

$$k \geq 0, h \geq 0 \tag{68}$$

　　ここで、kは1人あたりの物的資本で、hは1人あたりの人的資本である。vは労働時間の占める比率である。Lucas（1988）によれば、均衡成長率は資本の配分率や、人的資本の外部性などによって決まる。また、定常状態であれば、均衡成長率は危険回避率、人的資本の蓄積、あるいは時間選好率などによって決まる。これらの研究は、先進国と発展途上国との間の

成長率格差について一定の説明を与えている。

5. 再生産表式論と近代経済学の成長理論の比較

(1) 再生産表式論と近代経済学の成長理論の比較

　本節では、再生産表式論と近代経済学の成長理論の相違について整理を行う。

　まず、再生産表式論は労働価値説を基礎とし、価値次元で議論を展開している。これに対して近代経済学の成長理論は物財・価格次元で成長を表現している。また、ラムゼイ＝キャス＝クープマンモデル以後、効用価値説のモデルへの導入が一般的になっている。

　次に、再生産表式論には資本家と労働者からなる２種類の経済主体を設定している。一方、近代経済学に基づく成長理論においてソロー＝スワンモデルとハロッド＝ドーマーではマクロ経済面における貯蓄と消費の関係を明示する際に経済主体を考えていない。他方、ラムゼイ＝キャス＝クープマンモデルと内生的成長モデルにおいては同質な経済主体を仮定し、経済全体を１人の代表的な個人で代表できるような経済を考えている。さらに、経済主体は効用を最大化するような選択行動が明示されている。

　また、ハロッド＝ドーマーモデルは、貯蓄性向及び産出－資本比率がある一定の比率を満たすならば均斉的成長均衡が実現できることを解明している。そして、ハロッド＝ドーマーモデルにおいては資本主義経済下での成長は不安定なものである。一方、新古典派成長モデル及び内生的成長モデルは定常均衡が安定である。マルクスの再生産表式論は資本の再生産・流通が順調に進行するための条件を示すことを目的としている。その意味で、これは経済の安定・不安定問題を論ずるためのモデルではない。

　なお、再生産表式論は財を消費財と資本財に分けて考えているが、近代経済学の成長理論では主に１種類の財しか考えていない。

　最後に、経済成長要因についてであるが、再生産表式論も近代経済学の成長理論と同じく、資本蓄積と技術進歩率を重要な経済成長要因であるとする一方、各モデルにおける技術進歩の表現方法は異なっている。再生産表式論においては資本の有機的構成の高度化が技術進歩の具体的内容とし

てイメージされている。なお、近代経済学の成長理論における内生的成長モデルのその他のモデルとの違いは技術進歩を内生化している点である。

(2) 再生産表式論と近代経済学の成長理論との融合―宇沢型2部門経済成長モデル

　再生産表式論と近代経済学の成長理論では、手法が様々な点で異なっているものの、共通する点もいくつか存在する。近代経済学の成長理論は数学的な手法を用いることで、モデルが洗練されており、この点は再生産表式論よりも優れている。一方、近代経済学の成長理論において、資本蓄積と技術進歩率を重要な経済成長要因であるとする見方は、動学均衡などの点では、再生産表式論と一致している。また、資本主義経済の構造に着目した場合、近代経済学における代表的個人の仮定よりも、マルクス経済学による資本家と労働者という異なる主体や2部門間生産という設定は、現実の経済を説明する上でのより自然な仮定であると考えられる。対して、新古典派最適成長モデルにおいて、国民経済の基本的な構成単位である代表的個人という考え方は、経済全体の動きが人々の行動の集計として表現可能であるということを前提としている。このような前提はある経済構造により規定された個人の性格づけを行っているのではなく、いたって抽象的な次元で経済主体を設定しているにすぎない[15]。稲田・宇沢（1972）は、マルクスの経済成長理論の特徴を次のように論じる。マルクスの経済成長理論では、国民経済の基本的な構成単位として資本家と労働者という2つの階級を考える。資本家階級は一つの有機的構成をもった経済主体として捉えられ、労働者階級は従属的な役割をはたすものとして捉える。資本は全体として利潤の最大化を目的とした合理的な行動を行うものであって、資本蓄積をつうじて絶えず自己増殖を図り成長しようとする。そのために、労働者を雇用し、生産活動を行い、資本を蓄積しようとする。このような理解を踏まえて、Uzawa（1961）では、Shinkai（1960）をもとに、再生産表式論における資本の行動を2部門経済モデルの中で定式化し

15　稲田・宇沢（1972）pp. 236-237.

た。稲田・宇沢（1972）では、Uzawa（1961）で構築されたモデルを「マルクス的な2部門経済モデル」と名付けた。

Uzawa（1961）のモデルは次のような諸仮定がなされる。①2部門・2財が存在し、生産部門を消費財生産部門と資本財生産部門の2部門に分割する。そのうち、消費財は消費として用いられ、資本財はすべて資本蓄積に回される。②資本家の所得は資本財の購入に回され、労働者の所得は消費財の購入に回されるという仮定を置いている。③生産要素である資本と労働は、2部門間で自由な配分で投入可能で、2部門の生産には両生産要素の投入が必要である。④生産係数は固定であり、2部門で利用可能な生産技術は各々1つである。$i(i=1,2)$を生産部門とし、1は資本財生産部門、2は消費財生産部門とする。第部門での産出量、雇用された資本と労働力をそれぞれY_i、K_i、L_iとする。P_iは2部門の財の価格を表す。総労働、総資本はそれぞれ、L、Kで表される。資本のレンタルプライス及び賃金はそれぞれr、wとする。Uzawa（1961）の数式による表現は次のとおりである。

$$Y_i = F_i(K_i, L_i) \tag{69}$$

$$P_i \frac{\partial F_i}{\partial K_i} = r \tag{70}$$

$$P_i \frac{\partial F_i}{\partial L_i} = w \tag{71}$$

$$K_1 + K_2 = K \tag{72}$$

$$L_1 + L_2 = L \tag{73}$$

$$P_1 Y_1 = rK \tag{74}$$

$$P_2 Y_2 = wL \tag{75}$$

ここでの生産関数は一次同次である。Uzawa（1961）から、2部門の資本・労働比率という純粋な技術的係数の大きさによって均衡成長の安定性ないし不安定性が決まるという命題が導かれる。具体的には、均衡成長の安定性のための必要十分条件は、消費財生産部門の資本・労働比率が資本財生産部門の資本・労働比率よりも大きいということである。資本財生産部門の資本・労働比率が消費財生産部門のそれよりも大きければ、経済

第1部　経済成長理論分野におけるマルクス派最適成長モデルの位置付け

成長は不安定になる。

　Uzawa（1963）では Uzawa（1961）の「資本家の所得は資本財の購入に回され、労働者の所得は消費財の購入に回される」という仮定を放棄し、代表的個人を想定している。

　また、Uzawa（1964）は、経済計画、とりわけ途上国の政策においては、最大の経済成長を実現するために資源を経済の各部門にいかにして配分するかという問題に着目した。経済成長過程を分析する際に、希少資源がどのように消費財及び資本財の生産のために配分されるかという問題を中心的な課題とし、モデルをさらに展開した。Uzawa（1964）のモデルは最適成長モデルの枠組みをもととして以下のようになる。

$$\max \int_0^\infty \frac{Y_2}{L} e^{-\rho t} dt$$

$$\text{s.t.}$$
$$Y_2 = F_2(K_2, L_2)$$
$$Y_1 = F_1(K_1, L_1)$$
$$\dot{K} = Y_1 - \delta K$$
$$K = K_1 + K_1$$
$$L = L_2 + L_2$$
$$Y_2 \geq W_{min} L \tag{76}$$

　ここで、W_{min}は最低賃金である。Uzawa（1964）で構築された2部門経済モデルは Uzawa（1963）の基本的な考え方を継承しつつも、制約条件付き最適化問題として拡張されている。Uzawa（1964）では Uzawa（1963）と同じく、Uzawa（1961）における資本家の所得は資本財の購入に回され、労働者の所得は消費財の購入に回されるという仮定を放棄している。なお、Uzawa（1964）は Uzawa（1963）における生産関数もさらに一般化した。

　このように、通常の宇沢型2部門成長モデルは、大きく区別すれば Uzawa（1961）と Uzawa（1963, 1964）の2種類に分類される。また、Uzawa（1961）はマルクス的なモデルと認識されたものの、Uzawa

（1963）とそれをもとにする Uzawa（1964）は新古典派の2部門成長モデルと認識されている[16]。Uzawa（1961）では、マルクス的な経済成長論を前提とし、国民経済の基本的な構成単位として資本家と労働者という2階級を考え、その中で、資本家の所得が投資に回され、労働者の所得が消費に回されている。

　一方、Uzawa（1963, 1964）では、資本家と労働者の仮定を用いず、新古典派最適成長論的な仮定、すなわち、代表的個人との考えを採用している。また、Uzawa（1961）では、消費は賃金に等しく、また投資は利潤に等しくなるということが示されているが、Uzawa（1963, 1964）ではさらに生産要素の部門間の配分問題が考慮できるとともに、所得がどのように配分されるかをも導いている。

　なお、Uzawa（1961）と同じく、Uzawa（1963, 1964）においても、生産部門を消費財生産部門と資本財生産部門に分割する。このような2部門に分割する発想は再生産表式論と共通する点がみられる。

　ただし、モデルの構造に注目した場合、Uzawa（1961）と Uzawa（1963）は同じく、ソロー＝スワンモデルをもとにしている。一方、Uzawa（1964）は Uzawa（1963）の基本的な考え方を継承しつつも、効用関数と予算制約を導入し、制約条件付き最適化問題として拡張した。すなわち、Uzawa（1964）のモデルはラムゼイ型最適成長モデルに近い構造をもつのである。

　このように、上記のような一連の宇沢型2部門経済成長モデルは、再生産表式論と近代経済学の成長理論を融合させたモデルと言える。加えて、同モデルは近代経済学の成長理論に欠けていた成長配分の問題に対して、再生産表式論を取り入れたという点で経済学全般における成長理論の発展に大きな貢献をもたらした。

---

[16] 稲田・宇沢（1972）では、Uzawa（1961）で構築されたモデルを「マルクス的な2部門経済モデル」と名付けた。一方、Uzawa（1964）のモデルの基である Uzawa（1963）のモデルを「新古典派の2部門経済成長モデル」と認識した。さらに、松本・浅田（2018）においても Uzawa（1964）のモデルを新古典派の2部門経済成長モデルと呼ぶ。

6. おわりに

　本章は、再生産表式論と近代経済学の成長理論を紹介した上で、両者の相違を明確にした。これにより、経済成長理論分野における再生産表式論の位置付けが明らかとなった。均衡を考慮して経済成長を動学的に分析する点において、再生産表式論と近代経済学の成長理論は共通点を持つ。例えば、近代経済学の成長理論で経済成長の決定要因が技術進歩にあるとする点は再生産表式論と一致する。一方、再生産表式論における異質性のある経済主体の想定及び多部門の設定は、近代経済学の成長理論よりも現実的である。さらに、本章の後半には、再生産表式論と近代経済学の成長理論との融合と考えられる Uzawa（1961）をはじめとする一連の研究についても言及した。

第2章　中国におけるマルクス経済学の展開

——再生産表式論の展開を中心に——[1]

1. はじめに

　中国では、社会主義市場経済体制の充実化のため、マルクス経済学に関する研究が盛んに行われている。しかし、改革開放以来、近代経済学の研究の発展が進む一方、マルクス経済学の研究の発展は遅れている。その中でも、マルクス経済学では定量的な分析よりも定性的な分析が好まれる傾向にあるため、数理マルクス経済学そして、マルクス経済学に関わる実証研究の発展は特に緩慢である。また、経済成長理論の分野に関する研究は極めてわずかである。

　一方、中国では、2017年の経済方針により、経済体制の改革は財産権制度の充実と生産要素の市場化配分に主眼が置かれ、新たな中国の特色ある社会主義政治経済体系が求められている。ここでの新たな中国の特色ある社会主義政治経済体系とは、具体的に言えば、マルクス政治経済学をベースとする経済体系を指している。こうして、新たな中国経済理論におけるマルクス経済学に対するノウハウの「需要」と、今まで発展が遅れてきたマルクス経済学のノウハウの「供給」における、両者のアンバランスが生じた。現在の中国マルクス経済学において、どの分野が遅れているか、また今後どのような発展が期待されるかを明らかにしなければならない。

　他方、近年、中国の経済成長のスピードが減速し、経済改革が早急の課題となっている。習近平は習（2020）で、中国経済に対する理解を深める

1　本章は李晨（2021）「中国におけるマルクス経済学の展開―再生産表式論の展開を中心に―」桃山学院大学経済経営論集 63 (1) pp. 63-82 によるものである。

41

第1部　経済成長理論分野におけるマルクス派最適成長モデルの位置付け

こと、そして今後中国経済発展可能性を高めることにあたって、マルクス経済学の研究アプローチの必要性を呼び掛けている。こうして今後中国の経済成長が減速している原因や、それへの対策などを研究する上でも、中国におけるマルクス経済学、特に成長理論である再生産表式論の分野における発展が望ましいという政府の認識だと思う。そのためにも、中国におけるマルクス経済学、特に、再生産表式論の現状と課題を明らかにする必要がある。

　本章は、中国におけるマルクス経済学、特にマルクスが唱えた経済成長論——再生産表式論の発展に着目し、その展望について述べる。ここでは主に、理論における数理展開と実体経済にあてはめる実証分析の2つから論じる。中国におけるマルクス経済学の現状と課題を明らかにしながら、中国の特色ある社会主義経済学の今後の発展について考察したい。

2. 中国におけるマルクス経済学の発展と諸学派

(1) 中国におけるマルクス経済学の発展

　中国におけるマルクス経済学の発展は、3つの段階に分けることができると考えている。社会主義の計画経済期（1949 ～ 1977）、高度経済成長期（1978 ～ 2010）、中成長期（2012 ～）の3つの段階である。これら3つの段階についてはそれぞれ次のように説明できる。

　社会主義の計画経済期（1949 ～ 1977）：中国では1949年に共産党政権が樹立して以来、近代経済学を資本主義のイデオロギーとして位置付け、全面的に排除した。その代わりに、ソ連型マルクス主義を模範とする「政治経済学」が独占的な地位を占めるに至った。しかしながら、当時の中国におけるマルクス経済学は、厳密に言えば、マルクス経済学の理論を継承したものではなく、教義・教条主義と経験主義の両者を引き継ぎ、発展させたものであった。すなわち、マルクスの哲学とイデオロギーの導入に注力したのである。その結果、中国における経済学研究は現実から遊離し、現実の経済が直面する課題の解決にむけた方法論を提供できず、計画経済に基づく経済発展は失敗した。

高成長期（1978 ～ 2010）：計画経済の失敗から、政府と学界はいずれも、ソ連型の計画経済モデルが中国の経済成長及び経済学研究の発展を妨げたと認識した。このため、ソ連型マルクス経済学を放棄しつつ、マルクス経済学の文献に従い、マルクス経済学の発展と応用に力を入れた。長い間教条化されたマルクス経済学は、ある程度の発展を収めながら、当時においても独占的な地位を維持していたのであった。改革開放初期における市場経済への移行などの経済政策も、マルクス経済学を土台とする成功であったと考えられる。11 期 3 中全会（1978 年に中国が「改革開放」を決定した会議）以来の中国共産党の規約において、鄧小平理論は、マルクス・レーニン主義の基本原理を現代中国における実践及び時代の特徴と結びつけた産物だとしている。2018 年、中国国家主席・習近平は「改革開放 40 年演説」で、マルクス経済学に沿った政策をとることによってこそ改革開放の成功が収められると語り、今後もマルクス主義による方針をとり続けることをアピールした[2]。

　1992 年に入って、中国は、明確に定式化された社会主義の基本概念を提示し、市場メカニズムと経済効率を中軸とした。同時に、改革開放により、多くの若者が海外に留学できるようになり、近代経済学が中国に導入され、その結果、市場メカニズムを提唱する近代経済学の研究はひとつのブームとなった。伝統的な政治経済学は現実の実践との距離が拡大していたが、近代経済学は、その実証方法の多様性により現実に対する説明力を有していると、多くの若者が考えた[3]。この段階において、中国の学界では、近代経済学の影響力が増大した一方、マルクス経済学の影響力は後退している。

　中成長期（2011 ～）：改革開放後、マルクス経済学の発展は経済成長の理論的な礎とはなり得なかった。総書記になった胡錦濤は一時期、マルクス理論の創造的な発展を図ろうとしたが、それを果たすことはできな

2　習（2018）
3　張（2018）による、中国では 78% の大学生は近代経済学がマルクス経済学より魅力的だと考えている。

かった。これをうけて、2012 年、当時副主席であった習近平はシンポジウム「マルクス主義の中国化」を主催した。2014 年には、総書記となった習近平は積極的に政治経済学（マルクス経済学のこと——引用者）を学んで、十分に活用するとの主張を行っている[4]。2015 年に中共中央政治局は、「マルクス主義政治経済学の基本原理と方法論」というテーマで第 28回集団学習を行い、習近平総書記は現代中国マルクス主義政治経済学の新境地を絶えず切り開いていかなくてはならないと語った[5]。マルクス主義の中国化ではなく、現代中国マルクス主義政治経済学としたのには特別な意義があったと考えられる。また、2016 年には、再び「社会科学と哲学でマルクス主義が主導する方針を堅持する」とした。そして、「中国特色社会主義政治経済学」の発展を目指すことは第十三次 5 カ年計画（2016 ～2020）にも書き込まれ、中国におけるマルクス経済学の研究は一層促進されつつある。さらに、習近平は習（2020）で、中国経済に対する理解を深めること、そして今後中国経済の発展可能性を高めることにあたって、マルクス経済学の研究アプローチの必要性を呼び掛けている。このように、中国においてマルクス経済学の重要性が強調されるなか、中国の大学ではマルクス主義学部の規模拡大を通じて、中国ではマルクス経済学を含めてマルクス研究が学術界にて大きなトレンドになっている。

(2) 中国におけるマルクス経済学の諸学派

　中国におけるマルクス経済学は 8 つの学派を樹立した。「正統的マルクス経済学創新学派」、「新マルクス主義経済学総合学派」、「経典マルクス主義経済学文献研究学派」、「マルクス主義生態経済学学派」、「演化マルクス主義経済学学派」、「数理マルクス経済学学派」、「転型経済理論マルクス経済学学派」、「ポストケインジアンマルクス経済学学派」の 8 つである[6]。本章で主に取り上げるのは「数理マルクス経済学学派」である。本章

4　習（2014）

5　習（2015）

6　薛（2009）pp. 31-40.

の冒頭でも言及したように、中国マルクス経済学の発展の中で、数理経済学の発展は遅れている。中国数理マルクス経済学学派を代表する経済学者は、白暴力氏と丁堡駿氏の2名である。また、近年上海財経大学に所属している馮金華氏は、『一般均衡理論の価値基礎』など数学アプローチを用いたうえで、労働価値説明を基に一般均衡理論を再解釈する一連の研究をもって、中国の数理マルクス経済の研究分野で注目されはじめる。そのうち、白暴力は白（1986）を出版し、中国で数理マルクスを発展させ、中国で初めての数理マルクス経済学の業績として認識されている。同書はおもに、微分と線形代数学などを用いて、転形問題に基づき労働価値説を否定する諸説を批判し、マルクス経済理論の完全性を証明したものである。また、白（1999）では、労働価値説をベースとし、価値・価格理論を体系化した。他方、中国数理マルクス経済学分野を代表する丁堡駿は、労働価値説を擁護し、さらにそれを発展させることに注力している。同氏の代表著作として丁（2005）がある。以上のように、中国における数理マルクス経済学派は労働価値説を堅持し、発展させることに関心を抱いてきた。それにより、特に転形問題をめぐっては大きな成果を収めた一方、再生産表式に関する研究はいまだに多くの課題が未解決のままとなっている。

3. 中国における再生産表式論の発展

マルクスの拡大再生産表式からは2つの命題が得られる。1つは拡大再生産の実現条件であり、もう1つは消費財生産部門と資本財生産部門との不変資本の増加率の関係についてである。これに基づき、Lenin（1893）は、資本の有機的構成が高くなる場合には資本財生産部門を優先して発展させるべきだと唱えた。中国における再生産表式論の展開は、上記の2つの命題によって2つの方向に分けられる。1つは資本財生産部門と消費財生産部門による2部門の比例関係に着目するもので、白（2000）、陶（2014）（2015）（2017）、陶・陶（2011）（2013）、朱（2006）（2008）などが挙げられる。他の1つは、動学的一般均衡理論を用いて再生産表式を展開するもので、拡大再生産表式の実現条件をベースとして発展してきた。

これに関する研究としては呉・馮（2004）、李・祝（2012）、李（2015）などがある。

(1) 資本財生産部門と消費財生産部門の２部門比例関係の証明

再生産表式からも、拡大再生産を実現するためには、２部門はある比例関係を満たさなければならないという結論にたどり着いたが、マルクスは、その比率について論じていなかった。そこで、白（2000）は、再生産表式をもとに、単純再生産及び拡大再生産を実現するための２部門の比率を計算した。再生産表式の表現は以下の通りである。

$$W_1 = C_1 + V_1 + M_1 \tag{1}$$
$$W_2 = C_2 + V_2 + M_2 \tag{2}$$

ここで、r_i は剰余価値率で、２部門の剰余価値率が同じであると仮定すると、

$$r_1 = r_2 = r \tag{3}$$

が成立する。また、１つの生産周期において、可変資本 c の転換回数は１回で、前払い不変資本の転換回数は α 回であると仮定すれば、

$$C = \alpha c \tag{4}$$

となる。

β は資本の有機的構成で、

$$\beta = \frac{c}{V} = \frac{C}{\alpha V} \tag{5}$$

がある。すると、(1)、(2)式はさらに以下のように書き換えられる。

$$W_1 = V_1(1 + \alpha_1 \beta_1 + r) \tag{6}$$
$$W_2 = V_2(1 + \alpha_2 \beta_2 + r) \tag{7}$$

また、拡大再生産の実現条件 I $\left(V + \Delta V + \frac{M}{X}\right) = \text{II}\,(C + \Delta c)$ [7] から、

$$\text{I} \quad \Delta V_1 = \frac{dV_1}{dt} = V_1' \tag{8}$$

$$\text{II} \quad \Delta c_2 = \frac{dc_2}{dt} = c_1' \tag{9}$$

$$\text{I} \quad \frac{M}{X} = M_1 - \Delta c_1 - \Delta V_1 = M_1 - \frac{dc_1}{dt} - \frac{dV_1}{dt} = M_1 - V_1' - c_1' \tag{10}$$

が成立する。そして、それらを拡大再生産の実現条件に代入して、また (6)、(7) 式に基づいて整理すると、

$$V_1(1 + r - \beta_1') - \beta_1 V_1' = V_2(\alpha_2\beta_2 + \beta_2') + \beta_1 V_1' \tag{11}$$

となる。ここで M_x は剰余価値のうちで蓄積にあてられる部分として、

$$x = \frac{M_x}{M} \tag{12}$$

を定義し、これを新たに剰余価値蓄積率として導入する。

さらに、$M_x = C' + V'$ であるから、

$$x = \frac{1 + \beta}{rV}V' + \frac{\beta'}{r} \tag{13}$$

が得られる。以上の式に基づき、白（2000）は、消費財生産部門と資本財生産部門の比例を以下の式により表している。

$$\frac{W_1}{W_2} = \frac{(1 + \alpha_1\beta_1 + \gamma)(1 + \beta_1)\beta_2}{(1 + \alpha_2\beta_2 + \gamma)(1 + \beta_2)\beta_1} \frac{\left[\alpha_2(1 + \beta_2) - \left(x_2\gamma + \frac{\beta_1'}{\beta_2}\right)\right]}{\left\{\frac{1 + \gamma}{\beta_1}(1 + \beta_1) - \left(x_1\gamma + \frac{\beta_1'}{\beta_1}\right)\right\}} \tag{14}$$

すなわち、$\frac{W_1}{W_2} = f(\alpha_1, \beta_1, \alpha_2, \beta_2, \gamma, x_1, x_2)$ となる。白（2000）によれば、α、β、γ は生産技術によって決まり、x は社会的に決まる変数である。これにより、白（2000）は、消費財生産部門と資本財生産部門の比率は技術進

7　I(・)は括弧内の数値が第 1 部門に関するものであることを指す。同様に、II(・)は括弧内の数値が第 2 部門に関するものであることを指す。

歩だけに影響するのではなく、社会需要に応じても変化すると論じた。

　白（2000）に続く2部門の比率についての研究では、数学的な手法の改良に注力している。陶（2014）（2015）（2017）、陶・陶（2011）（2013）などは、2部門の比率がとり得る値の範囲に焦点を当て、静学と動学に分けて考察した。これらの考察により得られた結論は、2部門の発展が比率を保つのは、拡大再生産を実現するための必要十分条件であるというものである。他方、朱（2006）（2008）は、$V_1 + M_1 > C_2$、$C_2 + V_2 + M_2 > V_1 + V_2 + M_{x1} + M_{x2}$[8] が成立することが、拡大再生産を実現するための十分条件であると証明した。それらの研究は、マルクス経済学の理論の妥当性を示している点に意義があるものの、現実の経済について説明を与えるにはいくつかの課題があると考えられている。

(2) 動学的一般均衡理論に基づく再生産表式論の展開

　近年、中国数理マルクス経済学における動学的一般均衡理論、または新古典派経済成長理論の枠組みに基づく、再生産表式論の展開が注目されている。特に、Ramsey（1928）の最適成長モデルの枠組みをベースとする研究は多数存在する。Sweezy（1942）は、価値法則が一般均衡に関する理論であると指摘した。さらに、ジョン・ローマーらの分析的マルクス主義や、置塩派でも、動学的一般均衡理論を正しく評価し、マルクス経済学と近代経済学の統合を試みている。中国の研究者の多くもそれらのアイディアを継承し、動学的一般均衡理論とマルクス経済学との関連を明らかにするよう力を注いでいる。その中で、動学的一般均衡理論の枠組みを踏まえた再生産表式の展開に関する研究がいくつか存在する。呉・馮（2004）は、動学一般均衡手法を用いて拡大再生産モデルを再展開し、「拡大再生産をもとにする動学最適成長モデル」と名付けた。このモデル内では技術進歩を考慮しない場合における労働単位あたりの資本、消費、生産の最適成長経路が導かれている。その結果、消費財生産部門と資本財生産部門と

8　V_i、M_i、C_i、$M_{xi}(i = 1,2)$ それぞれ、資本財生産部門及び消費財生産部門における可変資本、剰余価値、不変資本、蓄積に回す剰余価値である。

の間の可変資本比率は、経済成長の安定性を決定する1つの要素であるとの結論を得られる。2部門の可変資本比率が一定であれば、移行動学は存在しない。一方、2部門の可変資本比率が一定でなければ、定常均衡に収束する鞍点経路は存在する。李・祝（2012）は、呉・馮（2004）のモデルをベースとし、2部門の可変資本比率が一定である場合の経済成長経路を分析した。ただし、呉・馮（2004）における効用関数は消費の関数である代わりに、李（2015）は消費と総資本を独立変数とする効用関数を設定している。結論として、消費と不変資本の長期的な成長率は、剰余価値率、及び消費財生産部門の資本の有機的構成と正の関係を持つものの、2部門間の可変資本の比率及び時間選好率とは負の関係を持つこととなる。よって、経済の安定成長を実現するためには、パラメーターの値はある範囲を満たさなければいけないという理論的結果が導き出され、経済成長の不安定性と経済危機は常に並存するとの結論に至った。李・祝（2012）は、李（2015）をもとに、資本家の時間選好率をモデルに組み込み、経済の安定成長を図るための各パラメーターの値の範囲を考察した。資本家の時間選好率は、経済成長が保てるか否かにとって1つの大きな要因であると証明した。呉・馮（2004）と李・祝（2012）のモデルは同じ構造を持っている。また、朱（2008）は、双線形システムを用い、再生産表式を展開した。構築された状態方程式を制約条件とし、そのもとでの社会厚生最大化問題を解きながら、均衡状態における2部門それぞれの最適蓄積率の式を得た。理論の展開をより簡単に把握するために、李（2015）でのモデルの構造を説明する（モデルは前掲の拡大再生産の実現条件に基づく）。

資本財市場における供給と需要の均衡式は、

$$\text{I} \left(C_t + V_t + M_t \right) = \text{I} \left(C_t + \Delta C \right) + \text{II} \left(C_t + \Delta C \right)$$

である。一方、消費財市場における供給と需要の均衡式は、

$$\text{II} \left(C_t + V_t + M_t \right) = \text{I} \left(C_t + \Delta V + \frac{M}{X} \right) + \text{II} \left(V_t + \Delta V + \frac{M}{X} \right)$$

である。

第1部　経済成長理論分野におけるマルクス派最適成長モデルの位置付け

　また、社会計画者のモデルを想定し、社会総消費(S_t)（資本家階級と労働者階級の消費）、資本家の前払い総資本(B_t)は、社会計画者の効用関数によって表される。

$$u(S,B) = \ln S + \beta \ln B \tag{15}$$

　パラメーターβは資本主義の精神度と定義された。また、消費財資本財部門及び消費財生産部門における不変資本の総額C_tは、

$$C_t = C_{1t} + C_{2t} \tag{16}$$

となる。総可変資本V_tは、

$$V_t = V_{1t} + V_{2t} \tag{17}$$

である。2部門における資本の有機構成、$k_i = C_{it}/V_{it}$が一定であると仮定し、経済成長における技術進歩を考慮していない。ここで、$i = 1,2$は消費財生産部門と資本財生産部門を表す。加えて、2部門における剰余価値率も等しく、$e = M_{it}/V_{it}$であると仮定する。

　こうして拡大再生産の実現条件の動学方程式は、

$$C_{2t} + V_{2t} + M_{2t} = \mathrm{I}\left(V + \frac{M}{X}\right) + \mathrm{II}\left(V + \frac{M}{X}\right) + \mathrm{II}\,\Delta V + \mathrm{I}\,\Delta V \tag{18}$$

である。ここで、(18) 式は、e、k_iを用いて、

$$C_{2t} + V_{2t} + M_{2t} = (1 + e + k_2)V_{2t} \tag{19}$$

$$\mathrm{I}\left(V + \frac{M}{X}\right) + \mathrm{II}\left(V + \frac{M}{X}\right) = S_t \tag{20}$$

$$\mathrm{I}\,\Delta V + \mathrm{II}\,\Delta V = \dot{V}_t \tag{21}$$

と書き換える。$\varphi = V_1/V_2$も一定であるとすれば、

$$V_t = V_{1t} + V_{2t} \tag{22}$$

$$V_{2t} = \frac{1}{1+\varphi} V_t \tag{23}$$

$$V_{1t} = \frac{\varphi}{1+\varphi} V_t \tag{24}$$

となる。よって、可変資本の資本蓄積の動学方程式として、

$$\dot{V}_t = \frac{1+\varphi}{k_1\varphi + k_2} V_t - S_t \tag{25}$$

が成り立つ。$\frac{1+\varphi}{k_1\varphi+k_2}V_t$ は消費財生産部門が創造した社会総価値である。(25)式により、不変資本の資本蓄積の動学方程式は、

$$\dot{C}_t = \phi_1 C_t - \phi_2 S_t \quad \left(\phi_1 = \frac{1+e+k_2}{\varphi+1}, \phi_2 = \frac{\varphi k_1 + k_2}{\varphi+1} \right) \tag{26}$$

となる。こうして、社会計画者モデルの構造は以下のようになる。簡略化のため、各時間変数のtを省略して記す。

$$\max \int_0^\infty (\ln C + \beta \ln B) e^{-\rho t}\, dt$$

s.t.

$$\dot{K} = \phi_1 C - \phi_2 S$$
$$B = C + V$$
$$V = \frac{1+\varphi}{k_1\varphi + k_2} C$$

given $\quad C_0$ \tag{27}

　ここで設定された問題は、一定条件を満たしたもので通時効用最大問題である。モデルの解として、以下の動学方程式が得られる。

$$\frac{\dot{S}}{S} = \beta \phi_2 \frac{S}{C} + \phi_1 - \rho \tag{28}$$

$$\frac{\dot{C}}{C} = \phi_1 - \phi_2 \frac{S}{C} \tag{29}$$

経済体制における内生的成長が存在するか否かにより、さらに2つのケースに分けて説明する。

内生的成長が存在しない場合、定常状態における $\dot{C} = \dot{S} = 0$ があり、定常状態における消費と不変資本の比率は、

$$\frac{\rho - \phi_1}{\beta \phi_2} = \frac{S^*}{C^*} = \frac{\varphi_1}{\varphi_2} \tag{30}$$

となる。

そこで、安定状態における各パラメーター・変数は以下の式を満たさなければいけない。

$$\frac{1 + e + k_2}{1 + \varphi} = \frac{\rho}{\beta + 1} \tag{31}$$

一方、内生的成長が存在する場合、$\dot{S}/S > 0$、$\dot{C}/C > 0$ になり、

$$\frac{\rho - \phi_1}{\beta \phi_2} < \frac{S^*}{C^*} < \frac{\phi_1}{\phi_2} \tag{32}$$

$$\frac{1 + e + k_2}{1 + \varphi} > \frac{\rho}{\beta + 1} \tag{33}$$

が成立する。均衡状態における内生成長率は、

$$\frac{\dot{C}}{C} = \frac{\dot{S}}{S} = \frac{1 + e + k_2}{1 + \varphi} - \frac{\rho}{\beta + 1} \tag{34}$$

となる。こうして、社会総生産価値の長期的成長率は、

$$\frac{\dot{V}}{V} = \frac{1+\varphi}{k_1\varphi + k_2}\frac{\dot{K}}{K} = \frac{1+\varphi}{k_1\varphi + k_2}\left(\frac{1+e+k_2}{1+\varphi} - \frac{\rho}{\beta+1}\right) \tag{35}$$

となる。

　こうして、消費と不変資本の長期的な成長率は剰余価値率及び消費財生産部門の資本の有機的構成と正の関係を持つものの、2部門間の可変資本の比率及び時間選好率とは負の関係を持つことが明らかになった。以上の結果から、安定成長を図るためには、満たさなければいけない条件が厳しいものであることから、李(2015)は資本主義が不安定であると主張する。

　以上2種類の研究はいずれも、「価値次元」による議論である。つまり、これらの展開を基にする数値例を使った説明はあるものの、実証研究は見当たらないのである。これらは、価値次元にとどまっている論争であって、物財タームで測った現実の経済データとは不整合で、実証研究に移るには限界があるからである。現実の経済に当てはめる分析は物財次元で説明しなければならない。

4. 中国における再生産表式論に基づく実証分析

　再生産表式に基づいて現実の経済を分析する研究には、趙・趙・李(2016)、徐(2017a)などがある。これらは、主に「第1部門の優先的発展」理論をめぐる実証分析で、中国の経済発展における消費財生産部門と資本財生産部門のアンバランス問題に着目している。具体的には、産業連関表の各項目をいかに不変資本、可変資本、剰余価値に分類するかを中心に研究している。これらの研究は、長年マルクス経済学を実証化する際に直面する1つの大きな課題、つまり、SNAにおける国民経済統計データと労働時間で測定する価値量は同じ次元ではないという点を克服した。

　それらの実証研究は、主にFujimori（1992）、張（2004）の手法を用いており、趙・趙・李（2016）はFujimori（1992）の手法に従っている。ただし、Fujimori（1992）が日本経済を対象とする代わりに、趙・趙・李（2016）

第1部　経済成長理論分野におけるマルクス派最適成長モデルの位置付け

表2-1　非競争輸出型産業連関表

		中間投入	最終需要			総生産 輸入
		$1\cdots\cdots n$	消費	資本形成	輸出	
国内 中間 投入	1	C_{ij}^{d}	F_{j}^{d}	G_{j}^{d}	e_{j}^{d}	w_{j}^{d}
	2					
	$\vdots$					
	n					
輸入 商品 中間 投入	1	C_{ij}^{m}	F_{j}^{m}	G_{j}^{m}	e_{j}^{m}	w_{j}^{m}
	2					
	$\vdots$					
	n					
付加価値	労働者報酬	v_{j}				
	社会純収入	m_{j}				
総投入		w_{j}				

出所：徐（2016）p. 36

は中国経済を対象とする。また、徐（2017ab）は、張（2004）の議論を踏まえ、Fujimori(1992)の手法を改良して実証分析を行った。徐（2017ab）、趙・趙・李（2016）などは「第1部門の優先的発展」も論じた。徐（2017b）は、第1部門である資本財生産部門における資本の有機的構成の増加による消費財生産部門（第2部門）産出の変動に関して実証を行った。その結果、資本財生産部門における資本の有機的構成が1％増加するにつれて、消費財生産部門における産出の成長率が0.345％程度減っていくとの結果が得られている。趙・趙・李（2016）、徐（2017a）は、1995年から2009年までの中国の資本財生産部門における産出が大幅に成長しており、その成長度合が他国よりも著しいことを示した。これらの研究は、現在中国が直面している供給過剰問題は消費財生産部門と資本財生産部門のアンバランスな成長にあると主張している。

　徐（2017a）（2017b）の研究は、WIODの発表した非競争輸出型産業連関表と各国の産出と雇用にデータ（SEA）の2つのデータを用いた。非競争輸出型産業連関表は表2-1のように表される。

　ここで、中間需要、最終消費、資本形成及び輸出を国産財(d)と輸入財

(m) に分割すると C_{ij}^d、C_{ij}^m、F_j^d、F_j^m、G_j^d、G_j^m、w_j^d、w_j^m の 8 つに分解される[9]。V_j は労働者報酬、m_j は社会純収入である。そして、再生産表式における 2 部門の不変資本、可変資本、剰余価値、社会生産総価値 C、V、M、W は、以下の式のように、産業連関表と対照できる。

$$C_{\varPi} = \sum_{j=1}^{i} \left(\frac{\sum_{i=1}^{n} \left(c_{ij}^d + c_{ij}^m \right)}{w_j} \right) \times \left(F_j^d + F_j^m \right) \tag{36}$$

$$C_I = \sum_{i=1}^{n} \sum_{j=1}^{n} \left(c^d_{ij} + c_{ij}^m \right) - C_{\varPi} \tag{37}$$

$$V_{\varPi} = \sum_{j=1}^{n} \left(\left(\frac{v_j}{w_j} \right) \times \left(F_j^d + F_j^m \right) \right) \tag{38}$$

$$V_I = \sum_{j=1}^{n} v_j - V_{\varPi} \tag{39}$$

$$M_{\varPi} = \sum_{j=1}^{n} \left(\left(\frac{m_j}{w_j} \right) \times \left(F_j^d + F_j^m \right) \right) \tag{40}$$

$$M_I = \sum_{j=1}^{n} m_j - M_{\varPi} \tag{41}$$

$$W_{\varPi} = \sum_{i=1}^{n} \left(F_j^d + F_j^m \right) \tag{42}$$

$$W_I = \sum_{i=1}^{n} w_i - W_{\varPi} \tag{43}$$

　こうした産業連関表と再生産表式の対照関係に基づき、徐（2017a）（2017b）は 38 カ国それぞれの 2 部門の可変資本、不変資本、利潤率、総価値を計測した。

9　原文のままを引用した。しかし、非競争型産業連関表に正しく従えば、表における ex_j^m は 0 のはずである。

このような手法は、「価値型産業連関表」と「実物型産業連関表」を照合するということを主な目的としたものである。これにより、長年マルクス経済学を実証化する際に直面していた１つの大きな課題、すなわち、SNA における国民経済統計データと労働時間で測定する価値量は同じ次元ではないという点を克服することができる。価値型投入産出表のデータは商品の市場価格によって計測された生産額データであるため、上記の方法で計測した結果は、必ずしも「労働時間」によって計算された「価値量」とは一致しない[10]。

5. おわりに

　本章は、中国における再生産表式の理論と実証研究を中心にマルクス経済学の展開とその現状を考察した。中国におけるマルクス派成長理論の理論展開は、主に２部門の比例関係を中心とするが、「価値次元」にとどまっている。こうした研究は実証分析への応用性が低い。一方、再生産表式論に基づく実証研究はわずかに存在し、それらは「価値型産業連関表」と「実物型産業連関表」を照合している。つまり、産業連関表のデータから不変資本、可変資本、剰余価値を計測するのである。こうした方法は、マルクス経済学を実証化する際に抱える課題、すなわち SNA における国民経済統計データと労働時間で測定する価値量は同じ次元ではないという点を克服することができるという利点がある。

　しかし、「価値型産業連関表」の「価値」とマルクスが採用する「価値」の意味とは異なっている。マルクス経済学における「価値」は労働によって創造されるが、その意味で「価値」を計測するのであれば、投下労働量によって測定すべきである。そのような先行研究としては、泉（1992）などがある。要するに、直接的に産業連関表のデータを利用するならば、新たにマクロ上の２部門データを構築することができるが、再生産表式にお

10　筆者が博士論文提出後の 2019 年 4 月に刊行された喬（2019）においても、同じ意見を示した。

ける価値と素材の統一関係を表すことができないと考えられている。

　このような背景の下で、近年中国では、山下・大西（2002）による「価値単位」と「物財単位」の両方で議論可能なマルクス派最適成長理論が注目されている。マルクス派最適成長モデルは中国では山下・大西・茹仙古麗（2005）によって最初に紹介され、その後、マルクス派最適成長モデルを紹介する大西（2012, 2015）も中国語に翻訳されている。また、前掲の李・祝（2012）、李（2015）における動学的均衡理論の手法により再生産表式の展開の発想は大西（2012, 2015）の中国版である孫・大西（2014）から得たものである。さらに、近年マルクス派最適成長モデルを実証モデルとして中国経済にあてはめる分析も盛んに行われている。喬・何（2016）はマルクス派最適成長モデルに基づき、中国の工業化を分析した。さらに、中国経済分野で最も権威のある雑誌である『経済研究』では喬・何（2017）によってマルクス派最適成長モデルが体系的に紹介されている。喬・何（2017）において、マルクス派最適成長モデルはマルクス経済学の本質である史的唯物論と生産力・生産関係理論を堅持しながら動学的一般均衡理論の手法を非常にうまく用いており、さらに現実の経済に対する理解を一層深められる数理モデルであるとして、その理論価値を高く評価されている。また、喬・何（2017）はマルクス派最適成長モデルの中国数理マルクスの将来の発展の一つの模範として位置付けている。陳（2017）では、マルクス派最適成長モデルと近代経済成長モデルを比較した上、マルクス派最適成長モデルを用いて中国経済を分析することを提唱した。これらをきっかけとして、マルクス派最適成長モデルは中国で注目を集め、現時点においては喬・張・張（2018）、喬・王（2019）などがマルクス派最適成長モデルに基づき、中国経済の現状を分析している。

第3章　再生産表式論と新古典派最適成長理論とを統合としたマルクス的最適成長モデル

——マルクス派最適成長モデル——[1]

1. はじめに

　マルクス派最適成長モデルは山下・大西（2002）が提案した。マルクス派最適成長モデルは再生産表式論の数理的な展開であり、本来は史的唯物論の証明を目的として構築されたモデルであった。具体的には、技術の社会的規定、「資本主義の生成、発展、死滅」という歴史的変遷、つまり、産業革命による資本蓄積過程の開始、その資本蓄積の目標値に到達した後には資本蓄積を第一義とする資本主義社会が終焉するという唯物史観の基本的な認識を、モデルを用いて説明するものである。こうした証明はマルクス派最適成長モデルが「史的唯物論モデル」とされる所以でもある。また、モデルは近代経済学の成長理論を代表するラムゼイ型最適成長モデルと近似した枠組みを持ち、労働力の最適配分を通じて家計、企業における行動の最適化を図るモデルである。すなわち、マルクス派最適成長モデルは「近代経済学的モデル」としての一面も持っている。なお、マルクス派最適成長モデルは、再生産表式により表わされた総付加価値の増加と労働投入の関係を「価値単位」＝投下労働単位で説明できる上で、「物財単位」で機械の蓄積が生産に効果的であることを示すこともできる。

　大西（2014）は、マルクス経済学と近代経済学とはそれぞれ異なる基準で定義されているので、当然重複領域もある、マルクス派最適成長モデル

1　本章は李晨（2021）「再生産表式論と新古典派最適成長論とを統合としたマルクス的最適成長モデル―マルクス派最適成長モデル―」長崎県立大学論集54 (4) pp. 29-49 による。

はその重複領域にあると主張した。このような主張からマルクス派最適成長モデルは近代経済学とマルクス経済学の架け橋を担うものとも理解でき、極めて意義のある作業だと考えられる。また、杉本（1950［1981］）は『近代経済学の解明（下）』の序文にもこのような試みの重要性を、「学界の切磋琢磨の進歩のために、不可欠なことではないでしょうか。」[2]と強調している。

　一方、マルクス経済最適成長モデルは、近代経済学における新古典派経済成長モデルと一見全く同じ構造であるとよく指摘されている。例えば、松尾・橋本（2016）はマルクス派最適成長モデルが一般にもマルクス経済学と認識されつつも、はるかに主流派の新古典派経済学と共通する点が多い[3]と指摘した。また、松本・浅田（2018）においても、マルクス派最適成長モデルは新古典派経済成長モデルの一変種に過ぎないということができる[4]と指摘している。

　本稿では、再生産表式、新古典派成長理論、マルクス派最適成長モデルを比較することを通じて、マルクス派最適成長モデルの位置付けを明確にすることを研究目的としている。本稿の構造は以下の通りである。まず第2節では、マルクス経済学に沿った最適成長モデルについての説明を行う。なお、第2節での説明は主に物財次元の説明となっている。次に、第3節では、第2節において物財次元で表現したモデルを新たに価値次元で表現する上で、マルクス経済学における諸課題に対する解釈も行う。そして、第4節では、マルクス派最適成長モデルのどの点がマルクス経済学的な特徴に該当するか、どの点が近代経済学的な特徴に該当するかを明らかにする。その後、再生産表式、新古典派成長理論、マルクス派最適成長モデルを比較することを通じて、マルクス派最適成長モデルの位置付けを明確にする。最後に、第5節は以上の議論のまとめを行い、近年のマルクス派最適成長モデルを基礎とした研究の展開、そして課題を取り上げる。

2　杉本（1981）p. 6.

3　松尾・橋本（2016）p. 144.

4　松本・浅田（2018）p. 321.

なお、本稿におけるマルクス派最適成長モデルに関する紹介は、主に山下・大西（2002）、大西（2019）、金江（2013）、李（2018a）、Li（2018）に基づいたものである。

2. マルクス派最適成長モデルの基本モデルの構造

(1) マルクス派最適成長モデルの基本仮定

山下・大西（2002）が提案したモデルでは、マルクスの再生産表式論と同じく、社会の生産部門を資本財生産部門と消費財生産部門の2つに分けて考える。労働を人間が持つ唯一の根源的な生産手段とし、労働投入は間接投入と直接投入に分けられる。間接労働投入により資本財を生産し、その生産された資本財を利用した直接労働投入により最終的な消費財を生産する。これは、1つの迂回生産体系であり、図3-1のように表現できる。

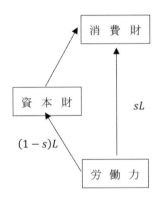

図3-1　マルクス派最適成長論における社会生産体系
出所：大西（2019）p.143（微修正）

また、マルクス派最適成長モデルでは2部門の生産関数を、
資本財生産部門：

$$I = B(1-s)L \tag{1}$$

$$\dot{K} + \delta K = I \tag{2}$$

消費財生産部門：

$$Y = AK^{\alpha}(sL)^{\beta} \tag{3}$$

と設定している。

ここではI、Y、s、K [5] は、それぞれ資本財生産部門の生産量、消費財生産部門の生産量、労働力の消費財部門への配分率、資本財のストック量である。$\dot{K}$は資本財の瞬時的な増量、Aは技術係数、Bは労働生産性、$\delta(0 < \delta < 1)$は減価償却率を表す。この最も単純な形のマルクス派最適成長モデルでは、資本財生産部門の生産関数、すなわち、式(1)において生産要素を労働のみと考えた線形関数となっている。この点は、労働を生産活動における本源的要素とするマルクスの「労働価値説」に一貫している。換言すれば、図3-1に示すように、消費財は労働と資本財によって生産されるが、その資本財は労働のみから生産されるため、消費財も生産過程を辿れば必ず投入要素を労働まで遡ることができる。このような迂回生産体系の下、消費財の生産にあたって必要とされる生産要素は実に「労働力」のみとなっている。

消費財生産部門の生産関数、すなわち式(3)には、生産要素が資本と労働とも考慮したコブ・ダグラス型関数を用いる。これは、モデルの「史的唯物論」に対する説明の一環となっている。技術の社会的規定により、山下・大西（2002）では産業革命前後の違いは商品生産の仕組みの違いにあると考えている。産業革命が起こる以前に、商品を生産する際に採用していたのは、機械を使わない「手工業」生産体系である。そこでは、資本財の増加は生産力拡大に寄与しない。他方、産業革命が起こって以後、工業製機械生産が始まり、機械の増加は直接に生産力の拡大に寄与するようになる。このようにして、産業革命による社会の歴史変化は生産活動における「道具」と「機械」が果たす役割の変化によって解釈できる。このような関係はコブ・ダグラス型生産関数で表現できる。

5　I、Y、s、Kはすべて時間を変数として含む。

$$Y = AK^{\alpha}L^{\beta}\left(産業革命前\alpha = 0,\ 産業革命後\ \alpha > 0\right) \tag{4}$$

　マルクス派最適成長モデルでは、上記で説明した2本の生産関数を制約条件としての通時的効用を最大化するという問題を解いている。

　歴史の各発展段階で、社会システムの違いは当然存在するが、どのような時代でも生産主体は「生産の拡大」「経済成長」を行動の基準とするであろう。ここでいう基準とは「物質的利益」に置かれている。大西（2014）は「マルクスの唯物論では「正義」や「忠」や「仁徳」などは宙に浮いて生成したものではなく、世俗的な「利益」を正当化するための手段として生み出されたイデオロギーにすぎない」[6]と述べている。大西（2019）の主張では、マルクス派の史的唯物論はある時代における生産関係の正当性を主張すると同時に、将来におけるその消滅の正当性も主張できなければならず、この「正当性」を論じるためには、「社会全体」にとって何が必要なことかを論じることが不可欠となる。ここでの「利益」の計測は当該社会に取得される生産物に帰着し、消費財消費量を変数とする効用関数で定式化される。このような仮定の下では「代表的個人」による通時的な効用の最大化を目的とした関数形の設定が有用である[7]。ここでの瞬時的効用は$\log Y$であり、通時的効用は瞬時的効用の割引価値の総和（積分）である。すなわち、

$$U = \int_0^{\infty} e^{-\rho t} \log Y\, dt \tag{5}$$

と表される。

6　大西（2014）p.27（443）

7　効用価値説＝「主観価値説」とマルクスが提唱している労働価値説＝「客観価値説」は別物とされ、マルクス経済学において効用関数を導入する研究は少数である。しかし、マルクス経済学と効用の概念は決して相反するものではない。松尾（2013）においても効用関数を持ち出して基礎づける方法について賛成の意が述べられている。

(2) 社会計画者モデル (物財次元)

　社会計画者が考える問題は、社会総労働においてどれだけの比率を消費財生産部門に配分し、またどれだけを資本財生産部門に配分するかを、社会的総効用の最大化問題という観点から決定することである。これを定式化すると、

$$\max U = \int_0^\infty e^{-\rho t} \log Y \, dt$$

$$s.t.$$

$$I = B(1-s)L$$

$$Y = AK^\alpha (sL)^\beta$$

$$\dot{K} = I - \delta K \tag{6}$$

と表され、モデルの解として

$$\dot{s} = \frac{BL}{K} \bullet \frac{\alpha}{\beta} s^2 - (\rho + \delta)s = s\left\{\frac{BL}{K} \bullet \frac{\alpha}{\beta} s - (\rho + \delta)\right\} \tag{7}$$

を得ることができる。

　定常状態では$\dot{s} = 0$、$\dot{K} = 0$（資本蓄積方程式式 (2)）となり、これらに基づいて方程式を解けば、定常値は、

$$\left(\frac{K}{L}\right)^* = \frac{B\alpha}{(\alpha + \beta)\delta + \beta\rho} \tag{8}$$

$$s^* = \frac{\beta(\delta + \rho)}{(\alpha + \beta)\delta + \beta\rho} \tag{9}$$

で与えられる。

(3) 分権的市場モデル (物財次元)

　社会計画者モデルでは全社会の労働力をあたかも特定の計画者が自由に操作できることを前提としていたが、このような設定はあくまでも規範モデルのみで通用することである。そのため、マルクス派最適成長モデルは

第1部　経済成長理論分野におけるマルクス派最適成長モデルの位置付け

こうした分権的市場モデルの枠組みでモデルを解くことも考えられている。

　分権的市場では、企業は財の生産を行う。家計は所有している資本を企業にレンタルし、労働を提供する。ここで、消費財価格を1に基準化し、資本財価格はpとする。労働者賃金率をwとし、2部門における賃金率をそれぞれw_1、w_2とする。資本財のレンタル価格をrとする。2部門の労働投入はそれぞれ$L_1 = sL$、$L_2 = (1-s)L$で表す。すると、家計の直面する問題は、次のような予算制約のもとでの効用最大化問題として定式化することができる。

$$\max U = \int_0^\infty e^{-\rho t} \log Y \, dt$$

$$s.t.$$

$$\dot{a} = r'\alpha + w_2 L_2 + w_1 L_1 - Y$$

$$\lim_{t \to \infty} \alpha(t) \, e^{-\int_0^t r'(t)dt} \geq 0 \tag{10}$$

　代表的家計は効用を最大化するようなα、Y、sの経路を選択することになる。

　一方、企業は与えられた生産技術の下で利潤が最大になるような生産活動を行うので、企業の利潤はそれぞれ、

$$\Pi_1 = pBL_1 - w_1 L_1 \tag{11}$$

$$\Pi_2 = AK^\alpha L_2^\beta - w_2 L_2 - (r + \delta)K \tag{12}$$

である。

　すると、モデルの帰結として

$$\dot{K} = BL_1 - \delta K \tag{13}$$

$$\frac{aB}{\beta}\left(\frac{sL}{K}\right) - (\rho + \delta) = \frac{\dot{s}}{s} \tag{14}$$

ここで、(13) 式は本来の「マルクス派最適成長モデル」の資本蓄積方程

式(2)式と同じであることが確認できる。(14)式は本来のモデルで導いたsのオイラー方程式(7)式と等しく、完全競争市場を想定した場合も社会的計画者モデルが同じ結果が得られることがわかる[8]。

(4) 解のマクロ経済分析への含意

(2)、(7)式と横断性条件によってモデルの動学移行経路を図3-2のように表現することができる。

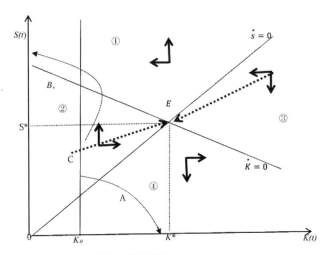

図3-2　s、Kに関する移行動学
出所：大西（2019）p.161（微修正）

図3-2の経路Cはモデルの最適条件を満たす鞍点経路となる。資本の初期値が資本K^*より小さいところから出発すると、K^*にむかう蓄積経路＝成長経路は鞍点経路であり、右上がりでなければならない。その過程において、s（労働力の消費財の生産にあてられる部分）が増加している一

8　以上の計算はほぼ山下・大西（2002）、大西（2019）によった。

第1部　経済成長理論分野におけるマルクス派最適成長モデルの位置付け

方、残りの部分 $1-s$（労働力の資本財の生産にあてられる部分）は減少している。つまり、資本蓄積＝成長の過程で消費財生産部門に割り当てられる労働の割合が増加しているのに伴い、資本財生産部門に割り当てられる割合は減少しているということになる。また、ここでは、$1-s$ が各時点において労働力の再生産に回されない部分となるので、$1-s$ は広義の貯蓄率とも理解できる。このことは資本蓄積＝経済成長の意味で、経済成長率が長期的に低下していくことを意味している。

　このように、マルクス派最適成長モデルによるマクロ経済成長への政策インプリケーションとして3点がある。まず、経済成長段階における生産部門の発展に関する問題は、①分析対象となる経済は最適成長経路に乗っているかどうか、②最適成長を達成するために、いかに生産要素を資本財部門と消費財部門へ配分すべきかの2点であり、この2つの問題を解くことで分析が可能となる。そして、マルクス派最適成長モデルは経済成長率の低下と対 GDP 投資比率低下の必然性を示しているという点で、③経済成長率などの予測を行う際にも応用できるものである。

3. マルクスの再生産表式とマルクス派最適成長モデルの価値表現

　ここまでの表現は物財次元での表現であったが、本稿の目的は近代経済学とマルクス経済学の橋渡しをするという趣旨である以上、物財次元のモデルを、価値単位＝投下労働単位で表現することは必要不可欠である。大西（2019）により、マルクス派最適成長モデルの価値表現は以下のようにまとめることができる。

(1) 再生産表式の形式におけるマルクス派最適成長モデル——単純再生産の場合

　マルクス単純再生産表式は次のように表現される[9]。

9　ここでの再生産表式の記号は小幡（2009）、大西（2019）によった。拡大再生産表式の場合も同様である。

$$W_{1t} = C_{1t} + V_{1t} + M_{1t} \tag{15}$$

$$W_{2t} = C_{2t} + V_{2t} + M_{2t} \tag{16}$$

第2節で計算した最適資本設備量は「最適」の「均衡値」計算であり、「単純再生産」の状態に対応すると論じてきた。マルクス派最適成長モデルの基本モデルでは、資本財生産部門における生産要素は労働だけある。すなわち、資本財生産部門において $C_{1t} = 0$ ということである。また、均衡状態では毎期の資本 K^* の一部が減価償却されると考え、$C_{2t} = \delta K^*$ と表せる。こうして、単純再生産表式とマルクス派最適成長モデルの解の対応は以下のように表現できる。

$$W_{1t} = C_{1t} + V_{1t} + M_{1t} \qquad \delta K^* = 0 + B(1 - s^*)L \tag{17}$$

$$W_{2t} = C_{2t} + V_{2t} + M_{2t} \qquad Y = A(K^*)^{\alpha}(s^* L)^{\beta} \tag{18}$$

さらに、消費財生産部門にどれだけの労働が投入されているかをより直接的に示すために K^*、s^* を、L を用いて表現すると以下のようになる。

$$W_{1t} = C_{1t} + V_{1t} + M_{1t} \qquad \delta K^* = 0 + B\left(\frac{\delta \alpha}{(\alpha + \beta)\delta + \beta \rho}\right)L \tag{19}$$

$$W_{2t} = C_{2t} + V_{2t} + M_{2t} \qquad Y = A\left(\frac{B\alpha L}{(\alpha + \beta)\delta + \beta \rho}\right)^{\alpha}\left(\left(1 - \frac{\delta \alpha}{(\alpha + \beta)\delta + \beta \rho}\right)L\right)^{\beta} \tag{20}$$

(17) ～ (20) 式の展開を見ると、消費財生産部門で使用する資本財も労働 L を用いて表され、すべての生産物は本源的に労働に帰結するということが分かる。

その対応関係をより簡便にまとめたものが以下の表3-1である。

第1部　経済成長理論分野におけるマルクス派最適成長モデルの位置付け

表3-1　「マルクス派最適成長モデル」と「単純再生産表式」との対照

	C	$V + M$
資本財生産部門	0	$\left(\dfrac{\delta\alpha}{(\alpha+\beta)\delta+\beta\rho}\right)L$
消費財生産部門	$\left(\dfrac{\delta\alpha}{(\alpha+\beta)\delta+\beta\rho}\right)L$	$\left(1-\dfrac{\delta\alpha}{(\alpha+\beta)\delta+\beta\rho}\right)L$

出所：大西（2019）p.152

ここで、単純再生産表式の成立条件である、

$$C_{2t}\left[\left(\frac{\delta\alpha}{(\alpha+\beta)\delta+\beta\rho}\right)L\right] = (V_{1t} + M_{1t})\left[\left(\frac{\delta\alpha}{(\alpha+\beta)\delta+\beta\rho}\right)L\right] \tag{21}$$

も確認できる。

また、消費財生産部門において、

$$V_{1t} + M_{1t} + V_{2t} + M_{2t} = L \tag{22}$$

が得られる。経済全体において各期に付加された価値の総量が、労働投入量の総量に等しいということで、労働価値説の解釈とも整合的である。

こうして、「単純再生産表式」から導き出した結論は「マルクス派最適成長モデル」でも導かれることがわかる。

(2) 再生産表式の形式におけるマルクス派最適成長モデル——拡大再生産の場合

マルクスの拡大再生産表式は以下のように表現できる。

$$W_{1t} = C_{1t} + V_{1t} + M_{1t(m)} + M_{1t(v)} + M_{1t(k)} \tag{23}$$

$$W_{2t} = C_{2t} + V_{2t} + M_{2t(m)} + M_{2t(v)} + M_{2t(k)} \tag{24}$$

拡大再生産の仮定は、経済が拡大していく資本蓄積＝成長の過程と理解

できる。このことは、マルクス派最適成長モデルにおける、定常状態に向かう過程と対応するものである。ここで、資本財 I と消費財 Y の生産における直接的・間接的な財 1 単位あたりの投下労働量を表す変数として t_1、t_2 を導入する。つまり、$t_1 = \frac{L}{I}$、$t_2 = \frac{L}{Y}$ である。式 (1)、(2)、(3) より、

$$t_1(\dot{K} + \delta K) = (1 - s)L \tag{25}$$

$$t_2 Y = t_1 \delta K + sL \tag{26}$$

が得られる。なお、$t_1 \delta K$ は間接投下労働量を表す。

この連立方程式を解くことで、

$$t_1 = \frac{(1-s)L}{(\dot{K} + \delta K)} = \frac{(1-s)L}{B(1-s)L} = \frac{1}{B} \tag{27}$$

$$t_2 = \frac{\left(\frac{\delta K}{B} + sL\right)}{(AK^\alpha (sL)^\beta)} = \left(\frac{\delta}{AB}\right) k_2^\beta + \left(\left(\frac{1}{A}\right) k_2^{-\alpha}\right) \tag{28}$$

を得る。経済成長経路における各部門への労働投下量＝価値を、再生産表式の形式に書き換えると、表3-2のようにまとめられる。

ここで、

$$(V_{1t} + M_{1t}) - C_{2t} = (1 - s)L - \left(\frac{\delta K}{B}\right) > 0 \tag{29}$$

であり、拡大再生産の成立条件もマルクス派最適成長モデルの解で確認できることになる。

拡大再生産における成長の「過程」を表現する各変数を、定常値の場合に書き換えると、表3-3のようになる。

第1部　経済成長理論分野におけるマルクス派最適成長モデルの位置付け

表3-2　「マルクス派最適成長モデル」と「拡大再生産表式」との対照

	C	V	M	計
資本財生産部門	0	$(1-s)L$	0	$(1-s)L$
消費財生産部門	$\dfrac{\delta K}{B}$	$\beta Y = \beta\left(\dfrac{\delta K}{B} + sL\right)$	$sL - \beta\left(\dfrac{\delta K}{B} + sL\right)$	$\dfrac{\delta K}{B} + sL$
計	$\dfrac{\delta K}{B}$	$\beta\dfrac{\delta K}{B} + (1-s+\beta s)L$	$sL - \beta\left(\dfrac{\delta K}{B} + sL\right)$	$L + \dfrac{\delta K}{B}$

出所：大西（2019）p. 171

表3-3　「マルクス派最適成長モデル」と「拡大再生産表式」との対照（定常値に書き換えるケース）

	C	V	M	計
資本財生産部門	0	$\left(\dfrac{\delta\alpha}{(\alpha+\beta)\delta+\beta\rho}\right)L$	0	$\left(\dfrac{\delta\alpha}{(\alpha+\beta)\delta+\beta\rho}\right)L$
消費財生産部門	$\dfrac{\delta\alpha L}{(\alpha+\beta)\delta+\beta\rho}$	βL	$\left(\dfrac{\beta(\delta+\rho)}{(\alpha+\beta)\delta+\beta\rho} - \beta\right)L$	L
計	$\dfrac{\delta\alpha L}{(\alpha+\beta)\delta+\beta\rho}$	$\left(\dfrac{\delta\alpha}{(\alpha+\beta)\delta+\beta\rho} + \beta\right)L$	$\left(\dfrac{\beta(\delta+\rho)}{(\alpha+\beta)\delta+\beta\rho} - \beta\right)L$	$\left(\dfrac{\delta\alpha}{(\alpha+\beta)\delta+\beta\rho}\right)L + L$

出所：大西（2019）p. 174

(3) 解のマルクス経済学における諸課題に対する解釈

　上記における価値次元で表現した定常値に至るまでの成長経路における C、V、M の変動は図3-3と同じ形式で表現でき、図3-3が示す通りとなる。

　ここでは全労働量のうち s の割合が労働力の再生産に用いられていることになる。言い換えれば、s によって全労働力が購入されているのであり、この部分は可変価値として表現される。一方、残りの部分 $1-s$ は資本財の購入にあてられており、各時点では労働力の再生産に回されない部分となる。この割合は山下・大西（2002）では、搾取率として解釈している。この部分はさらに、減価償却を補填する部分と新規資本の貯蓄にあてる部分に分割することもできる。前者はマルクス経済学における不変資本

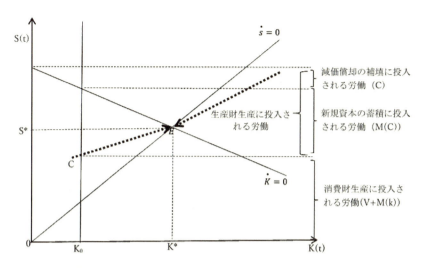

図 3-3　資本蓄積によって長期均衡に至るダイナミックス
出所：大西（2019）p.161（微修正）

(C) と解釈することができる。一方、後者は新規資本の蓄積に用いるものであり、剰余価値(M(C))として表現される。

図3-3が示すように、経路Cに乗ると、資本ストックが拡大しながら、sが上昇していくことになり、不変価値が増加する。そして、点Eに近づくと剰余価値は減少し、新規資本蓄積のための搾取は長期的に消滅することになる。その資本蓄積は定常状態に向かって進行し、その終着点は「単純再生産」で計算した値と同じである。つまり、資本主義はこの定常に向かう長期の過程との理解である。

また、表3-2での式を用いて発展経路におけるマルクスの基幹理論をいま一度確認しておきたい。まず、マルクスは資本の有機的構成をC/V、すなわち、不変価値と可変価値の比率で表現し、資本主義の発展と伴って資本の有機的構成が上昇することを強調している。これを表3-2でのマルクス派最適成長モデルの変数で表すと、

第 1 部　経済成長理論分野におけるマルクス派最適成長モデルの位置付け

$$\frac{C}{V} = \frac{\dfrac{\delta K}{B}}{\beta \dfrac{\delta K}{B} + (1 - s + \beta s)L} = \frac{1}{\beta + \dfrac{\boldsymbol{B}}{\delta}(1 - s + \beta s)\dfrac{L}{K}} \tag{30}$$

となる。ここで s、$\frac{K}{L}$、は上昇するから分母の部分は小さくなることは明らかである。すなわち、$\frac{C}{V}$ は傾向的に上昇することがわかる。以上より、マルクスが提唱した資本の有機的構成が上昇することはマルクス派最適成長モデルにても確認できる。

次に、利潤率についてであるが、マルクスはそれを $\frac{M(C)}{C+V}$ で表し、「利潤率の傾向的低下の法則」として利潤率が長期的には低下することを唱えている。これを表 3-2 でのマルクス派最適成長モデルの変数で表すと、

$$\frac{M(C)}{C + V} = \frac{(1 - s)L - \left(\dfrac{\delta K}{B}\right)}{(1 + \beta)\dfrac{\delta K}{B} + (1 - s + \beta s)L} = \frac{1}{\dfrac{(2 + \beta)\delta K + B\beta sL}{(1 - s)LB - \delta K} + 1} \tag{31}$$

となる。複雑そうに見えるが、分母は傾向的に上昇していくから、$\frac{M(C)}{C+V}$ は減少していくことがわかる[10]。こうして、マルクスが主張している「利潤率の傾向的低下の法則」はマルクス派最適成長モデルにても確認された。

10　分母の $\frac{(2+\beta)\delta K + B\beta sL}{(1-s)LB - \delta K}$ という部分に注目すれば、$\frac{(2+\beta)\delta K + B\beta sL}{(1-s)LB - \delta K}$ にて s、K は上昇するから、$(1-s)LB - \delta K$ は減少し、$(2+\beta)\delta K + B\beta sL$ は増加する。つまり、$\frac{(2+\beta)\delta K + B\beta sL}{(1-s)LB - \delta K}$ は傾向的に上昇するから、

$$\frac{M(C)}{C + V} = \frac{1}{\dfrac{(2 + \beta)\delta K + B\beta sL}{(1 - s)LB - \delta K} + 1}$$

は傾向的に減少することが確認できる。

4. 近代経済学の成長論との統合としてのマルクス派最適成長モデル

(1) 近代経済学の成長論との統合としてのマルクス派最適成長モデル

　マルクス派最適成長モデルにおいて生産部門を資本財生産部門と消費財生産部門の2部門に分割するという発想は「再生産表式」まで遡ることができる。しかし、単に従来の1部門新古典派経済成長モデルを2部門化するだけでは、「マルクス的」であるとは言いがたい。

　マルクス派最適成長モデルが「マルクス的」であると主張されるより重要な根拠は「史的唯物論」の数理的証明というところにある。産業革命以前の製造業では、「手工業」という生産システムで、生産は道具でのみ行われ、これにより封建制の社会体制が成り立っていた。一方、産業革命以降、生産過程に機械が導入され、機械の増加が生産拡大の上で大きな役割を担うようになり、機械という固定資本の蓄積が最重要視されるようになる。「資本蓄積のための社会システム」がこうして現れ、「資本蓄積が社会の第一義的課題」となったという意味で、機械の登場は「資本主義社会」の台頭をもたらしたと理解されている。

　しかし、ここで重要なのは、このモデルでの資本蓄積は永遠ではなく目標値が存在するということである。すなわち、ある単位労働あたりの最適資本ストックに到達すると、当該社会の資本蓄積という課題は達成され、資本蓄積を第一義的課題とする社会＝資本主義の歴史的課題は終了することになる。こうして、マルクス派最適成長モデルは、産業革命による機械の登場が資本主義を必然化したことと同時に、その進行によりいずれ資本主義が終焉しなければならないことを示している。マルクス派最適成長モデルが「史的唯物論」の命題を数理的に証明したとされるのはこの意味においてである。

　また、このモデルが労働価値説に基づいているということも重要な点である。マルクス派最適成長モデルは総労働の配分を通じてモデルを定式化する。それは、マルクス派最適成長モデルの労働価値説を忠実に表現している点でもある。さらに、マルクス派最適成長モデルが価値次元＝投下労

第 1 部　経済成長理論分野におけるマルクス派最適成長モデルの位置付け

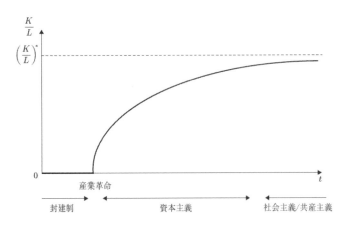

図 3-4　産業革命以後の資本蓄積の時間経路
出所：大西（2019）p. 185

働量次元でも表現可能という点もマルクス的である。

　一方、マルクス派最適成長モデルが「再生産表式」よりも優れているところは「物財次元」を有するところにある。マルクス派最適成長モデルは、動学最適化問題をもとに構築されたものであるが、モデルでは、再生産表式で考えている資本家階級、労働者階級が存在する異質な経済主体の想定と異なり、代表的個人の存在を想定している[11]。そして、社会計画者は社会効用の最大化（すなわち消費財生産の最大化）を図りながら、最適行動をとっている。これは、マルクス派最適成長モデルが一部のマルクス経済学者から「近代経済学モデルにすぎない」と批判される理由ともなっているが、現実の経済を「物財次元」で表現できること自体を彼らも批判することはできない。また、マルクス派最適成長モデルが「物財次元」であるということは総労働にしたがって総価値の分配が明示されているということでもあり、それこそがこのモデルを労働価値説に依拠したモデルとしていることの所以である。具体的に言えば、マルクス派最適成長モデルは総

---

[11] マルクス派最適成長モデルに階級概念を取り組んだ拡張として、大西・山下（2003）、山下・大西（2003）、山下（2005）、大平・李（2022）などがある。

74

労働を資本財生産部門と消費財生産部門に配分して、最終財である消費財の生産をいかに最大化するかという問題として定式化していた。新古典派経済成長モデルは1財に集計したマクロ成長モデルであり、最適配分問題の定式化はGDPの投資と消費への最適配分問題としている一方で、マルクス派最適成長モデルは総労働（生産要素）の2部門への最適配分問題として定式化しているのである。要するに、マルクス派最適成長モデルは労働価値説にも依拠しながら、効用理論も導入している。それにより、価値次元＝投下労働量次元と物財次元との両方を表現することが可能なモデルとなっている。

　こうして、マルクス派最適成長モデルは再生産表式論を近代経済学の成長論、特に、ラムゼイ型最適成長モデルの枠組みをもとに再解釈するモデルとも考えられる。

(2) 再生産表式論、新古典派成長理論とマルクス派最適成長理論

　本節において、マルクス派最適成長モデルを、再生産表式論と近代経済学における成長理論の相違を整理した上で、再生産表式論と近代経済学の成長モデルとの融合の試みと考えられる Uzawa（1961, 1963, 1964）の一連の研究について比較する。そして、再生産表式論、新古典派成長理論、マルクス派最適成長理論の性格を表3-4のように構築目的、表現次元、経済主体、及びその選択行動が明示されているか、財の種類、配分問題の定式化という6つの観点から比較する。なお、ここで取り上げた新古典派最適成長モデルはラムゼイ＝キャス＝クープマンズモデル[12]だけでなく、Uzawa（1964）で展開した2部門経済成長モデルも比較対象とする。以下における宇沢型2部門経済成長モデルは、Uzawa（1964）によるものを指す。

　まずは、モデルの構築目的についてである。再生産表式論は2部門間の価値と素材の補填による再生産の条件を特定化することを目的とする一方

12　ラムゼイ＝キャス＝クープマンズモデルについては Cass（1965）、Koopmans（1965）と Ramsey（1928）を参考にしてください。

第1部　経済成長理論分野におけるマルクス派最適成長モデルの位置付け

表 3-4　再生産表式論、新古典派成長理論とマルクス派最適成長理論

	再生産表式論	新古典派経済成長理論		マルクス派最適成長理論
		ラムゼイ＝キャス＝クープマンズモデル	宇沢型2部門経済成長モデル	
構築目的	2部門間の価値と素材の補填による再生産の条件の特定化	1人あたりの所得の成長率の決定要因の分析	最大の経済成長を実現するために資源を経済の各部門にいかにして配分するか	史的唯物論の証明
表示次元	価値	物財・価格[13]		価値・物財・価格
経済主体	資本家と労働者	社会計画者モデル：社会計画者 分権的市場モデル：家計・企業	社会計画者モデル：社会計画者[14]	社会計画者モデル：社会計画者 分権的市場モデル：家計・企業
経済主体の選択行動が明示されているかどうか	なし	効用最大化＝消費財生産の最大化 利潤最大化		
財の種類	2財モデル	1財に集計されたマクロモデル	2財モデル	
配分問題の定式化	生産要素の部門間配分	総生産の消費か投資かの配分問題	総生産の消費か投資かの配分問題 生産要素の部門間配分問題	

出所：筆者作成

で、ラムゼイ＝キャス＝クープマンズモデルは1人あたりの所得の成長率の決定要因の分析を目的としている。そして、宇沢型2部門経済成長モデルでの目的は最大の経済成長を実現するために資源を経済の各部門にいかにして配分するかである。しかし、マルクス派最適成長モデルの目的は史的唯物論の数理的証明にあった。

　次に、モデル内で成長を記述する単位について比較したい。マルクスの再生産表式論は労働価値説をもとにし、価値次元における社会の総生産と

13　Uzawa（1964）の論文では、物財・価格次元でモデルを表現している。ただし、宇沢型2部門経済成長モデルはマルクス派最適成長モデルのように、価値次元で表現できる。

14　宇沢型2部門経済成長モデルは分権的市場モデルの形式で表現するのも可能である。

その循環について論じる。新古典派経済成長モデルは、価値次元を放棄し、効用理論を基礎にし、物財・価格単位を表現している。マルクス派最適成長モデルは、価値・物財・価格の三者での表現が可能である。

そして、経済主体に関して、再生産表式論では、資本家と労働者の2種類の経済主体を考えている。ラムゼイ＝キャス＝クープマンズモデル、宇沢型2部門経済成長モデルとマルクス派最適成長モデルにおいて、資本家と労働者との設定はない。両者とも、計画者モデルでは社会計画者が「経済主体」となり、分権的市場モデルでは家計と企業が経済主体となっている。また、以上のような経済主体について選択行動が明示されているかどうかについては、再生産表式ではそれが明示されておらず、他方のラムゼイ＝キャス＝クープマンズモデル、宇沢型2部門経済成長モデルとマルクス派最適成長モデルでは、社会計画者による、あるいは企業と家計による選択行動が明示されている。

財の種類に注目すると、再生産表式は2種類の財を考え、総要素の部門間配分問題を定式化している一方で、ラムゼイ＝キャス＝クープマンズモデルでは、財は1種類しか存在せず、その財の総生産（すなわちGDP）を消費するか、投資するかが決定される。一方、マルクス派最適成長モデルと宇沢型2部門経済成長モデルにおいては、消費財と資本財の2種類が存在し、2種類の財の間に代替性は存在しない。消費財はすべて消費され、資本財はすべて資本蓄積にあてられる。このような設定により、マルクス派最適成長モデルと宇沢型2部門経済成長モデルは、ラムゼイ＝キャス＝クープマンズモデルで考えている総生産の消費財および資本財への配分問題を考察することができるとともに、再生産表式が考察する生産要素の部門間の配分問題も分析可能となっている。

以上のように、マルクス派最適成長モデルと再生産表式論ないし、ラムゼイ＝キャス＝クープマンズモデルは根本的な違いが存在していることが明らかになった。特に、マルクス派最適成長モデルは宇沢型2部門経済成長モデルとはモデルの構造の面で同じフレームワークを持っているものの、モデルの構築目的または解釈方向が異なっていることに注意されたい。

ただし、宇沢型2部門経済成長モデルは一般化された生産関数の設定に

よる解析的側面の強い理論モデルであり、生産関数をいかに一般化するか
という抽象性の高い方面へと発展した。そのため、実証への応用可能性は
低くなり、それに基づいた実証研究はほぼ行われていない。一方、マルク
ス派最適成長モデルは宇沢型2部門経済成長モデルと同じフレームワーク
を持っている上に、特定の生産関数を使うことでモデルの解を実際に計算
できるという方向に発展した。さらに、宇沢型2部門経済成長モデルにお
ける資本集約問題、安定性問題などの問題を避けることができ、実証可能
モデルへの発展可能性を高めている。

5. おわりに

　以上のように、本稿はマルクス派最適成長理論を紹介した上で、再生産
表式論、近代経済学成長理論などの相違を明確にした。これにより、経済
成長理論分野におけるマルクス派最適成長モデルの位置づけが明らかと
なった。マルクス派最適成長モデルは再生産表式論ないし、ラムゼイ＝
キャス＝クープマンズモデルのそれぞれの特徴を有していることも明らか
になった。その意味で、マルクス派最適成長モデルは近代経済学成長理論
と再生産表式との統合である存在も確認できている。ただし、マルクス派
最適成長モデルは、マルクス経済学と近代経済学統合として認識されたも
う一つのモデルである宇沢型2部門経済成長モデルとはモデルの構造の面
で同じフレームワークを持っているものの、モデルの構築目的または解釈
方向が異なっていることに注意されたい。

　また、本稿におけるマルクス派最適成長モデルの説明は、山下・大西
（2002）、大西（2019）にて定式化された基本的なモデルである。近年、マ
ルクス派最適成長モデルは数多くの研究が展開されている。ここでは、そ
の研究トレンドをまとめ、図3-5に示す[15]。

　まず、実証分析に適するモデルへの拡張としては、④の李（2018b）、
喬・張・張（2019）と⑤の金江（2011）をはじめとする一連の研究があ

15　詳しい内容は図3-5で取り上げている先行研究を参照にしてください。

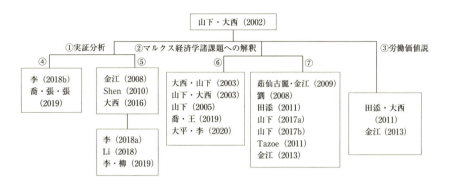

図 3-5　マルクス派最適成長モデルに関わる諸展開
出所：筆者作成

る。④李（2018b）では山下・大西（2002）をベースにし、人口成長率または技術進歩率など経済成長を決定する要因を考慮した上で中国経済の実証分析を試みた。また、喬・張・張（2019）ではAI（人工知能）をモデルに取り入れ、中国経済に当てはめて分析を行った。一方、資本財生産部門での投入要素を労働だけでなく、資本財も導入することで現実経済成長問題をより的確に記述する試みとして、⑤金江（2008）を基礎とした一連の研究が進められている。その中、金江（2008）の理論的拡張を基とした実証分析として、Shen（2011）、大西（2016）があり、両者とも中国経済を対象としている。さらに、これらに続く研究として、人口成長率または技術進歩率など経済成長を決定する要因を考慮した上での拡張として、李（2018a）、Li（2018）、李・柳（2019）がある。そのうち、Li（2018）、李・柳（2019）は李（2018a）を基に、人口成長率または技術進歩率を組み込んだ上で、モデルを中国と韓国の経済に当てはめて実証研究を行った。次に、マルクス経済学諸課題の解明に取り組んだ研究では以下のように整理される。⑥のような、資本家と労働者との2階級を考慮した拡張として、大西・山下（2003）、山下・大西（2003）、山下（2005）、喬・王（2019）、大平・李（2020）がある。また、⑦では、2種類の資本財を導入し多段階の「産業革命」の効果を検討した茹仙古麗・金江（2009）、労働増加型技術進歩による「搾取」の消滅を説明した田添（2011）、内生的貨幣供給を

導入し、資本主義経済にて繰り返し発生している信用恐慌や信用収縮などの現象を説明した山下（2017a）、山下（2017b）などをあげることができる。加えて、不確実性下でのマルクス派最適成長モデルの構築を主眼とした金江（2013）の第Ⅱ部（第4〜6章）がある。なお、理論の拡張だけにとどまらず、データによる簡単なシミュレーションも行ったものとして、山下・大西（2002）に政府部門を導入し税財政の効果への分析可能性を示した劉（2008）や、DSGE モデルの方面へ発展させた Tazoe（2011）を取り上げることができる。最後に、マルクス派最適成長モデルを労働価値説の次元でモデルを解釈・拡張する一連の試みとして、田添・大西（2011）、金江（2013）の第8〜13章が取り上げられる。田添・大西（2011）は山下・大西（2002）モデルの経済成長経路において価値の移行動向を検討し、資本の有機的構成の高度化、利潤率の傾向的低下の法則など従来マルクス経済学で議論してきた諸課題を議論してきた。なお、金江（2013）の第8〜13章はモデルの移動経路上で価値・価格の再生産表式の有り方を論じた。

第2部

理論編：マルクス派最適成長論の
実証モデルとしての諸改良

第2部　理論編：マルクス派最適成長論の実証モデルとしての諸改良

第4章　労働成長率・技術進歩率を考慮したマルクス派最適成長モデルの基本モデルの改良及び Mathematica による数値解法の提案

1. はじめに

　マルクス派最適成長モデルの基本モデルは、「機械による機械の生産」を考えず、生産要素が労働のみでなされている。労働価値説、すなわちすべての生産は労働に根源されること、を忠実することがその趣旨である。マルクス経済学において、労働価値説を堅持するか、放棄するかを基準に、マルクス経済学の範疇にいれられるか長い間争論され続けている。その意味で、労働価値説を堅持するマルクス派最適成長モデルは、「マルクス」を名乗っているかぎり、非常に重要なポイントである。そのため、基本モデルを完備することも必要不可欠だと筆者は考えている。その趣旨で、本章は、マルクス派最適成長モデルの基本モデルをベースにし拡張作業を試みる。

　マルクス派最適成長モデルの基本モデルには2つの仮定があたえられている。人口成長率（労働力成長率）がゼロであるということと、技術進歩が存在しないということである。しかし、現実には労働力人口の変化と技術進歩は存在しているため、人口成長率が変化せず、技術進歩が存在しないという2つの仮定は、理論モデルとして経済成長を分析する上での便宜的な仮定であることは明らかである。当然、これらの仮定を用いたままマルクス派最適成長モデルを実証研究に応用する場合は現実の経済を分析する上での困難が生じることになる。

　本章はまず、マルクス派最適成長モデルをベースとし、人口成長率と技

82

術進歩率をモデルに組み込む拡張作業を行う。そして、それらの数値解を解きながら、Mathematica を用いた数値分析方法を提示する。なお、この章における拡張作業は、西岡（1995）、金江（2013）および西岡（1995）の解析方法に従っているものである。

2. モデルの構築

(1) 人口成長率を考慮したマルクス派最適成長モデルの基本モデル

マルクス派最適成長モデルの基本モデルには人口成長率がゼロで技術進歩が存在しないという2つの仮定があたえられているが、このような仮定は理論モデルの簡略化のためのものである。モデルを実証研究へと応用する際にはマルクス派最適成長モデルを人口成長率と技術進歩率を考慮したものへと再構築することが不可欠となる。一方、マルクス派最適成長モデルが依拠している新古典派経済成長論においても現実に沿って人口成長率と技術進歩率をモデルに取り組むのは当然であると認識されている。また、大西（2007）ではゼロ成長社会（資本主義の死滅）になるのは労働人口の変化と技術進歩を考慮に入れない場合であるとも指摘している。もう一つ問題になるのは、最適な経済成長経路に記述するためにかかわってくる初期値問題のことである。山下・大西（2002）にはモデルの実証応用化に対してこのような課題がいくつか存在している。

本節は、基本モデルに人口成長率と技術進歩率を取り入れながら、鞍点経路を描くオイラー方程式を導き、モデルの数値解も解くことを目的とする。

本節ではまず人口成長率だけを考慮するマルクス派最適成長モデルを示す。なお、本章で使用するモデルは、人口成長率と技術進歩率が存在するという点以外は、山下・大西（2002）で示された基本モデルと同一のものである。すなわち、この社会には善意の社会計画者が存在し、代表的家計の無限時間にわたる通時的効用を最大化するものとする。なお、社会には消費財生産部門と資本財生産部門の2つの部門が存在する。

第2部　理論編：マルクス派最適成長論の実証モデルとしての諸改良

　ここで、まず、人口は外生的な一定の変化率 $\frac{\dot{L_t}}{L_t} = n \geq 0$ で成長するものとする。初期時点における個人の数を L_0 とすると、t 期における人口 L_t は、

$$L_t = L_0 e^{nt} \tag{1}$$

と計算できる。また、消費財生産部門と資本財生産部門の生産関数は次のようになる。

　消費財生産部門

$$Y_t = AK_t^\alpha (s_t L_t)^\beta, \qquad (\alpha + \beta = 1) \tag{2}$$

　資本財生産部門

$$I_t = B(1 - s_t)L_t \tag{3}$$

　資本蓄積方程式

$$\dot{K_t} = B(1 - s_t)L_t - \delta K_t \tag{4}$$

　ここで、Y_t、K_t は社会全体における消費財と資本であり、s_t は全人口のうち消費財生産にあてられる割合を表す。以下の数式において時刻 t を省略するが、説明上の都合で、明記するともある。また、A、B は各生産部門における技術係数、δ は資本の減価償却率である。ここで、(2)、(4) 式は規模に関する収穫一定を満たす。式の両辺を L_t で割り、時間変数の t を省略すると、

　消費財生産部門は

$$y = A(k)^\alpha (s)^\beta \quad \left(y \equiv \frac{Y}{L}, k \equiv \frac{K}{L} \right) \tag{5}$$

　資本蓄積方程式は

$$\dot{k} = B(1 - s) - \delta k - nk \tag{6}$$

となり、1人当たりの生産量 y と資本 k によって生産関数を表せる。

　このようにして人口成長率を考慮した場合、第3章におけるマルクス派最適成長モデルの基本構造は以下のように書き換えることができる。

第 4 章

$$\max u = \int_0^\infty e^{-\rho t} \log y \, dt$$

s. t.

$$y = Ak^\alpha s^\beta$$

$$\dot{k} = B(1 - s) - \delta k - nk$$

given $\quad k_0$

Transversality Condition $\quad \lim_{t \to \infty} e^{-\rho t} \mu k = 0 \qquad (7)$

　すると、代表的個人の効用最大化問題を解くための経常価値ハミルトニアン Hc は以下のようになる。すなわち、

$$Hc \equiv logA + \alpha logk + \beta logs + \mu[B(1 - s) - (n + \delta)k] \qquad (8)$$

ここで、ハミルトニアンの一階の条件は、

$$\frac{\partial Hc}{\partial s} = 0$$

$$\Rightarrow \quad -\frac{\dot{s}}{s} = -\frac{\dot{\mu}}{\mu}, \left(\mu = \frac{\beta}{sB} \right) \qquad (9)$$

$$\frac{\partial Hc}{\partial k} = \rho \mu - \dot{\mu}$$

$$\Rightarrow \quad \frac{\alpha}{k} - \mu(n + \sigma) = \rho \mu - \dot{\mu} \qquad (10)$$

$$\frac{\partial Hc}{\partial \mu} = \dot{k}$$

$$\Rightarrow \quad B(1 - s) - (n + \delta)k = \dot{k} \qquad (11)$$

となる。これをさらに整理すると、

$$\frac{\alpha}{k \left(\frac{\beta}{sB} \right)} - (n + \delta) = \rho + \frac{\dot{s}}{s}$$

$$\Rightarrow \quad \dot{s} = \left\{ \left(\frac{\alpha B}{k \beta} \right) s - (\rho + n + \delta) \right\} s \qquad (12)$$

85

第2部　理論編：マルクス派最適成長論の実証モデルとしての諸改良

を得る。

$$\dot{s} = 0$$

$$\Rightarrow \quad s = \frac{(\rho + n + \delta)k\beta}{\alpha B} \tag{13}$$

$$\dot{k} = 0$$

$$\Rightarrow \quad k = \frac{B(1 - s)}{(n + \delta)} \tag{14}$$

のように与えられる。そして、(13)、(14) 式より $k - s$ 平面上における2直線の交点を求めることにより、s、k の定常値が求められ、

$$s^* = \frac{(\rho + n + \delta)\beta}{\alpha(n + \delta) + (\rho + n + \delta)\beta} \tag{15}$$

$$k^* = \frac{B\alpha}{\alpha(n + \delta) + (\rho + n + \delta)\beta} \tag{16}$$

を得る。(11)、(12) 式を満たす動学経路の体系は Saddle Point Stable になる。しかし、定常均衡に収束することができ、かつ横断条件も満たし最適となるものは初期値 $k(0)$ に対応する特定の $s(0)$ のみである。この体系は非線形連立微分方程式体系であるため、一般に解析的に解くことができない。従って、関数形を特定化して数値解析によって解くことが必要となる。このような数値解を計算するために、本章では Mulligan and sala-i-Martin（1991）が提唱され、西岡（1995）が Mathematica によるアプローチを用いた Time-Elimination Method を用いる[1]。

　まず政策関数 (Policy Function) $s(k)$ を求める[2]。ここで、

$$\frac{ds}{dk} = \frac{ds/dt}{dk/dt} \tag{17}$$

であるから、政策関数 (6)、(12) 式は以下の微分方程式を満たす。

1　金江（2013）では、マルクス派最適成長モデルの基本モデルの数値解法が示されている。こちらも同じく西岡（1995）の解析方法に従っているものである。

2　一意的な移動経路で、あるに対して最適は一意に決まり、recursive な構造の成長モデルなどで、政策関数が存在する。

$$s'(k) = \frac{\dot{s}}{\dot{k}} = \frac{s(t)\left\{\left[\frac{\alpha B}{k\beta}\right]s(t) - (\rho + n + \delta)\right\}}{B(1 - s(t)) - \delta k(t) - nk(t)} \tag{18}$$

ただし、$s^* = s(k^*)$である。

以上のようにして$s'(k)$を、$s(t)$と$k(t)$のみの関数として表現することが可能となる。ここで(18)式の定常解をロピタルの定理により計算すると、

$$s'(k^*) = \lim_{k \to k^*} \frac{d\dot{s}/dk}{d\dot{k}/dk}$$

$$\Rightarrow \quad s'(k^*) = \frac{s^*\left[\frac{B\alpha}{1-\alpha}\left(\frac{s'(k^*)k - s^*}{k^2}\right)\right]}{-Bs'(k^*) - n - \delta} \tag{19}$$

が得られる。(19)式を整理すると、

$$Bs'(k^*)^2 + \left(n + \delta + \frac{B\alpha s^*}{(1-\alpha)k^*}\right)s'(k^*) - \frac{B\alpha}{1-\alpha}\frac{s^{*2}}{k^{*2}} = 0 \tag{20}$$

となる。

$s'(k^*)$は、この二次方程式の正根である。安定経路では、$s'(\hat{k^*}) > 0$を満たすからである。(20)式を解くと、

$$s'(k^*) = \frac{-\left(n + \delta + \frac{B\alpha s^*}{(1-\alpha)k^*}\right) + \sqrt{\left(n + \delta + \frac{B\alpha s^*}{(1-\alpha)k^*}\right)^2 - 4B\frac{B\alpha}{1-\alpha}\frac{s^{*2}}{k^{*2}}}}{2B} \tag{21}$$

を得る。

さらに、各定常値である(15)、(16)式を代入すれば、

$$s'(k^*) = \frac{-(\rho + 2\delta + 2n) + \sqrt{(\rho + 2\delta + 2n)^2 + \frac{4(\rho + 2\delta + 2n)^2(1-\alpha)}{\alpha}}}{2B} \tag{22}$$

が得られる。

第2部 理論編：マルクス派最適成長論の実証モデルとしての諸改良

(2)技術進歩・人口成長率を考慮したマルクス派最適成長モデルの基本モデル

前節は、人口成長率をモデルに取り入れる作業を行った。本節では人口成長率に加えて技術進歩も考慮した場合のモデルの拡張を試みる。

近代経済学では技術進歩は次のような3種類に分類される[3]。1つ目は技術進歩により生産者が同じだけの生産量を以前より少ない資本投入量で生産することができるようになるという資本節約的技術進歩である。これに対して2つ目は技術進歩により生産者が同じだけの生産量を以前より少ない労働投入量で生産することができるようになるという労働節約的技術進歩である。3つ目は資本と労働のどちらの場合においても投入物について相対的に節約的とならないときであり、これは中立的または不偏的と定義される。より詳しく説明すると、両方とも、所与の資本・産出比率に対して、投入物の相対的シェア $((K \cdot F_K)/(L \cdot F_L))$ が不変である場合は、技術進歩は中立的（ハロッド中立的）であるという。一方で、技術進歩による生産力の上昇が、労働投入による生産力の上昇と同じようにふるまうときはこれを労働増加的といい、資本による生産力の上昇と同じようにふるまうときは資本増加的であるという。生産関数で表すと、それぞれ $Y = [K, L \cdot A(t)]$、$Y = [K \cdot A(t), L]$ と表現できる。ここで、$A(t)$ は技術を表す関数であり、$\dot{A}(t) \geq 0$ である。さらに、その2つのケースと異なり、技術進歩は中立的（ヒックス中立的）なケースも存在し、所与の資本・労働比率において限界生産物の比が不変にとどまっている。このとき中立的生産関数は $Y = A(t) \cdot F(K, L)$ となる。

しかし、一定の人口成長率を持つ成長モデルでは、労働増加的技術進歩のみが持続的成長状態の存在、すなわち長期的な一定の成長率と整合的であると Barro and Sala-i-Martin（2004）でも証明されている。ゆえに、本章では労働増加的技術生産性[4]の生産関数を採用する。

---

3 ここでの説明は、Barro and Sala-i-Martin（2004）を参考にした。

4 田添（2011）は、技術進歩率だけ考慮したマルクス派最適成長モデルの基本モデルのフレームワークを提案している。

本章のモデルにおける消費財生産部門、資本財生産部門は共に同じ指数で成長するという仮定を追加する。すなわち、

$$\frac{\dot{A_t}}{A_t} = \frac{\dot{B_t}}{B_t} = \lambda \tag{23}$$

である。ここで、初期における2つの部門の技術進歩率は$A[0]$と$B[0]$で、t期における技術進歩は$A_t = A[0]e^{\lambda t}$、$B_t = B[0]e^{\lambda t}$となる。また、ここで、2部門における技術進歩係数の比をεとすれば、

$$B[0] = A[0]\varepsilon \tag{24}$$

であり、2部門における技術進歩率は以下のような関係を満たす。すなわち、

$$B_t = A[0]\varepsilon e^{\lambda t} = \varepsilon A_t \tag{25}$$

ここで、$\hat{y} = \frac{Y_t}{A_t L_t}$は効率的労働1単位あたりの消費量とする。なお、ここで、考えるのは代表的個人の効用最大化問題であり、社会的代表的個人が消費で得られる効用は$\hat{y} A_t = \frac{Y}{L}$となる。$\hat{k} = \frac{K}{AL}$は効率的労働単位あたりの資本の量である。すると、モデルの全体構造は以下のようになる。

$$\max u = \int_0^\infty e^{-\rho t} \log A[0] e^{\lambda t} \hat{y} \, dt$$

s.t.

$$\hat{y} = (\hat{k})^\alpha s^\beta$$

$$\dot{\hat{k}} = \frac{\dot{K}}{AL} - n\hat{k} - \lambda\hat{k} = \varepsilon(1-s) - \delta\hat{k} - n\hat{k} - \lambda\hat{k}$$

given $\quad \hat{k}(0)$

Transversality Condition $\quad \lim_{t \to \infty} \frac{\lambda t}{\exp(\rho t)} = 0 \tag{26}$

この問題は通時的効用を最大化とする「条件付き最大化問題」として解くことができ、経常価値ハミルトニアンHcは以下のようになる。

第2部　理論編：マルクス派最適成長論の実証モデルとしての諸改良

$$Hc = \log A\,[0]e^{\lambda t}\hat{y} + \mu\left[\varepsilon(1-s) - (n+\delta+\lambda)\hat{k}\right] \tag{27}$$

これをさらに解くと、

$$\dot{s} = \left\{\left[\frac{\alpha\varepsilon}{\hat{k}\beta}\right]s - (\rho+n+\delta+\lambda)\right\}s \tag{28}$$

が得られる。また、定常状態における $\dot{s}$、$\dot{\hat{k}}$ はゼロになるので、

$$s = \frac{(\rho+n+\delta+\lambda)\hat{k}\beta}{\alpha\varepsilon} \tag{29}$$

$$\hat{k} = \frac{\varepsilon(1-s)}{(n+\delta+\lambda)} \tag{30}$$

これらにより、s、$\hat{k}$ の定常値は以下のとおりになる。

$$s^* = \frac{\beta(\rho+n+\delta+\lambda)}{n+\delta+\lambda+(1-\alpha)\rho} \tag{31}$$

$$\hat{k}^* = \frac{\varepsilon\alpha}{n+\delta+\lambda+(1-\alpha)\rho} \tag{32}$$

さらに第2節の方法と同様に、モデルの政策関数は以下の微分方程式、

$$s'(\hat{k}) = \frac{\dot{s}}{\dot{\hat{k}}} = \frac{s(t)\left\{\left[\frac{\alpha B}{\hat{k}\beta}\right]s(t) - (\rho+n+\delta+\lambda)\right\}}{\varepsilon(1-s(t)) - \delta\hat{k}(t) - n\hat{k}(t) - \lambda\hat{k}(t)} \tag{33}$$

が満たされるはずである。ただし、$s^* = s\left(\hat{k}^*\right)$ である。

　よって、政策関数は、

$$s'\left(\hat{k^*}\right)$$

$$= \frac{-\left(n + \delta + \lambda + \frac{\varepsilon \alpha s^*}{(1-\alpha)\hat{k^*}}\right) + \sqrt{(n + \delta + \lambda + \frac{B\alpha s^*}{(1-\alpha)\hat{k^*}})^2 - 4\varepsilon\left(\frac{\varepsilon B\alpha}{1-\alpha}\right)\left(\frac{s^{*2}}{\hat{k^*}^2}\right)}}{2\varepsilon} \quad (34)$$

を解くことによって求めることができる。各定常値である (31)、(32) 式を (34) 式に代入すれば、

$$s'\left(\hat{k^*}\right)$$

$$= \frac{-(\rho + 2\delta + 2n + 2\lambda) + \sqrt{(\rho + 2\delta + 2n + 2\lambda)^2 + \frac{4(\rho + 2\delta + 2n + 2\lambda)^2(1-\alpha)}{\alpha}}}{2\varepsilon} \quad (35)$$

が得られる。

3. シミュレーション

　前節では、人口成長率と技術進歩率を取り入れたマルクス派最適成長モデルのオイラー方程式と数値解法の概要を提示した。3節ではMathematica[5] を用いて、2節で述べた問題の数値解法のプログラムを記述する。なお、計算プログラムを説明する際には、技術進歩率をゼロにする。まずパラメーターの値は表 4-1 のように設定する。各パラメーター値は、それぞれ大西（2016）に提示された中国 2 部門産業データにより推定した値であり、信頼性の高い数値である。なお、人口成長率について、Li（2018）が中国 2017 年から 2050 年までの人口成長率を推計した結果は

---

[5]　西岡（1995）には新古典派成長モデルの数値解法及び Mathematica の関連コードを記したものがあり、Kanae（2013）もマルクス派最適成長モデルの基本モデルに応用できるコードを記したものがある。しかし、Mathematica のコードの書き方の進歩により、以前のコードそのままで応用できない。その点も含め考慮した上で、本研究はそれらの 2 つの先行研究の下に、現在でも使えるようにコードに修正してある。さらに、本研究はこれらの 2 つ先行研究と違い、適当なパラメーター値を使い計算する。

第2部　理論編：マルクス派最適成長論の実証モデルとしての諸改良

0.0576%であり、本章はその値を利用する。

表4-1　パラメーター

B	δ	α	ρ	n
0.5264	0.17198	0.598	0.764	0.0576%

出所：筆者作成

　そこで、まず各パラメーターや変数をMathematica上で定義する。また、k_s、ssをそれぞれ1人あたり資本と労働の消費財生産部門への配分率の定常値、1人あたり資本の初期値k_0を定常値より小さい値で設定する。本章では、k_0は定常値の1/3で設定する。k_1は定常値と同じ値に設定する。

　次は、定常均衡点における $s'(k^*)$ を(21)式により計算する。

　それから政策関数に$s(k)$から$s(k(t))$を定義しながら、微分方程式(22)より$k(t)$を求める。そして、求めた$k(t)$と微分方程式(24)により$s(t)$を求めることができる。それらに基づき$k(t)$、の経路をプロットすることが可能になる。結果は以下の図4-2になる。

4. おわりに

　本章は山下・大西（2002）により開発されたマルクス派最適成長モデルをベースにし、人口成長率と技術進歩率をモデルに取り込む拡張作業を行った。さらに、実証研究に必要となる数値解を解くことで中国経済にあてはめ、Mathematicaを用いた実証分析の方法を提案した。その結果、s、kは時間に対して単調増加し、いずれも一定の定常値に収束するという結論が得られた。また、拡張したモデルの帰結は基本モデルと同じであることが明らかになった。

　ただし、第2節でも言及したように、ここでは定常状態におけるsと効率的労働一単位あたりの資本の量は一定の値に収束するが、1人あたりの資本量はλの割合で持続的に増加することになる。また社会全体の資本ストックは$n+\lambda$との割合で持続的に成長していくことが明らかになった。

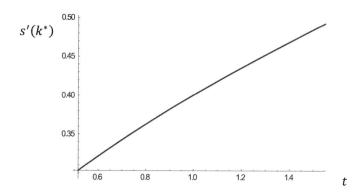

図 4-1　$s'(k^*)$
出所：筆者作成

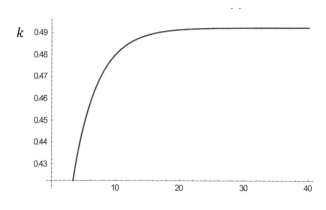

図 4-2　$k(t)$
出所：筆者作成

第2部　理論編：マルクス派最適成長論の実証モデルとしての諸改良

　さらに、技術が進歩するにつれ、定常値が大きくなることが数式から導かれ、定常状態へ移行するまでの時間も長くなる。このような結果は、技術進歩率が資本主義の終焉を先延ばしにするものであることを示唆している。

　しかしながら、本章の拡張はマルクス派最適成長モデルの基本モデルに基づいたものであり、資本財が労働のみによって生産されると仮定したモデルであるため、資本財生産部門での資本集約度が高くなるのは当然である。したがって、モデルの実証応用性を高めるためには、資本財生産が資本と労働によってなられる拡張を考えなければならない。

第5章　資本財部門における資本投入を考慮したマルクス派最適成長モデル実証モデルの構築及び方法の提示

1. はじめに

　第3、4章で取り上げたマルクス派最適成長モデルは、労働価値説を根幹にするため、資本財生産部門の投入要素として労働力しか考慮していなかった。労働価値説を堅持する限り「マルクス的」と言えるという考え方から出発すれば、理論上は非常に意義のあるモデルだと考えられる。ただし、現実経済に向き合うには、限界がある。なぜなら、現実の生産過程では、労働だけではなく、資本の投入について考慮することも必要不可欠だからだ。特に、資本財の生産においては、より多くの資本財が投入されている。そこで、現実経済をより正確に把握するため、資本財生産にも資本財が投入されている拡張モデルを構築することは必要である。

　このような研究として、大西・金江（2015）がある。また、大西（2016）、Shen（2011）はそうした拡張モデルを用いて中国経済の先行きを予測している[1]。しかし、その拡張モデルは一般解の計算が困難であり、定常値しか得られない。すなわち成長経路における各操作変数の運動経路自体が理論的に特定されていないという問題が存在する。このような問題は、大西・金江（2015）を含む従来の理論的研究がこの点を看過していたことによって、大西（2016）、Shen（2011）などの実証研究が恣意的な推計に頼らざるを得なかった最大の理由となっている。

　そのため、本章では、次に二つの操作変数 φ（消費財生産部門における

---

[1]　ここで、大西（2016）、Shen（2011）の研究で使われたモデル、すなわち大西・金江（2015）による資本財生産にも資本財が投入されている拡張モデルをマルクス派最適成長モデル予測モデルと呼ぶ。

第2部　理論編：マルクス派最適成長論の実証モデルとしての諸改良

資本の配分率）、（消費財生産部門における労働の配分率）の動学経路を
導くオイラー方程式の導出を試みる。先行研究では導出に失敗している
が、複雑な式をひとつひとつ丁寧に展開していけば以下のような手順でそ
の課題は達成される。第1節は、大西・金江（2015）モデルに関して考察
し、課題を明らかにする。第2節は、操作変数 φ（消費財生産部門におけ
る資本の配分率）、s（消費財生産部門における労働の配分率）の動学経路
を導くオイラー方程式の導出を試みる。第3節では、第2節のモデルに人
口成長率と技術進歩率を取り組んで拡張する。最後に、第4節では、大西
（2016）、Shen（2011）と比較するため、同じ推計を行いながら、実証分
析の方法を提示する。

2. 大西・金江（2015）のモデル及びそれに基づく将来予測の先行研究について

(1) 大西・金江（2015）のモデルについて

　マルクス派最適成長モデルの基本モデルでは、消費財生産部門と資本
財生産部門とに社会的な総生産が分割され、その両者の相互関係として社
会全体の運行が表現されている。そこでは、運行経路を表現するために、
両部門への資本と労働の配分比率は通時変化の操作変数として扱われてい
る。また、均衡状態においては労働配分比率の変化率と資本ストックの変
化率がゼロでなければならないので、資本ストックを消費財生産部門への
労働の配分比率を s と置いて、定常状態における s、K の変化率がゼロに
なり、そのことを $\dot{s}=0$、$\dot{K}=0$ で表していた。

　現実経済に向き合うには、大西・金江（2015）は基本モデルを基にし
て資本財の生産にも資本と労働によってなされている拡張を行った。大
西（2016）、Shen（2011）により行われた中国経済の行き先の予測は大西・
金江（2015）のモデルを用いたものである。

　大西・金江（2015）モデルでは、両部門に分配された労働と資本を直
接 L_1、L_2、K_1、K_2 と表記して計算していた。具体的には、生産関数を、

資本財生産部門

$$I = BK_1^{\alpha_1}L_1^{\beta_1} \tag{1}$$

$$\dot{K} = I - \delta K \tag{2}$$

消費財生産部門

$$Y = AK_2^{\alpha_2}L_2^{\beta_2} \tag{3}$$

とし、資源制約を

$$K_1 + K_2 = K \tag{4}$$

$$L_1 + L_2 = L \tag{5}$$

とする。

通時的効用は、

$$U = \int_0^\infty e^{-\rho t} \log Y \, dt \tag{6}$$

であり、モデルの基本構造は

$$\max_{K_1, K_2, L_1, L_2 \geq 0} U = \int_0^\infty e^{-\rho t} \log Y \, dt$$
$$\text{s.t.}$$
$$\dot{K} = I - \delta K$$
$$Y = AK_2^{\alpha_2}L_2^{\beta_2}$$
$$K = K_1 + K_2$$
$$L = L_1 + L_2 \tag{7}$$

となっている。

効用最大化問題を解くことで、モデルから、

$$\left(\frac{K}{L}\right)^* = \left\{ B\left[\left(\frac{\alpha_1\delta}{\rho+\delta}\right)^{\alpha_1}\right]\left[\left(\frac{\alpha_2\beta_1}{\alpha_2\beta_1\delta + \beta_2\{\rho+\delta(1-\alpha_1)\}}\right)^{\beta_1}(\delta L)^{\alpha_1+\beta_1-1}\right]\right\}^{\frac{1}{1-\alpha_1}} \tag{8}$$

という最適な資本労働比率が導かれる。また、定常状態での資本労働の各
生産部門における比率は、

第２部　理論編：マルクス派最適成長論の実証モデルとしての諸改良

$$K^*: K_1^*: K_2^* = \rho + \delta : \alpha_1 \delta : \rho + \delta(1 - \alpha_1) \tag{9}$$

$$L: L_1^*: L_2^* = \alpha_2 \beta_1 \delta + \beta_2 \{\rho + \delta(1 - \alpha_1)\} : \alpha_2 \beta_1 \delta : \beta_2 \{\rho + \delta(1 - \alpha_1)\} \tag{10}$$

となっている。

　このように、大西・金江（2015）のモデルは、資本財生産部門の生産に、資本の投下を考慮したものの、資本と労働力の配分比率を考えずに、両部門に分配された労働と資本を L_1、L_2、K_1、K_2 と直接表記して計算していたので、基本モデルの場合とは違って、移動経路を具体的に計算することができない。

(2) 大西（2016）、Shen（2011）の予測上の仮定

　大西（2016）、Shen（2011）は、大西・金江（2015）で得られる (8)、(9)、(10) を用いて、中国経済の実証研究を行ったものである[2]。具体的には、上記の２つの生産関数と減価償却率及び時間選好率（主観的割引率）を計算し、(8)、(9)、(10) の３つの式によって将来の定常（ゼロ成長）における最適資本労働比率や総労働・総資本の両部門の最適配分比率を計算している。それにより計算された定常状態の資本財の配分比率と計算時点の現在の値に基づき、定常状態に達するまでの正常な期間を推定する。すなわち、まず産業連関表や労働力統計、産業別資本ストック推計、国民所得統計における産業別生産額などの値から L_1、L_2、K_1、K_2、Y_2 を推計し、それらから OLS 推計された両部門の生産関数のパラメーターを推計する。さらに、各種統計からマクロの資本減耗率と時間選好率も推計し、それらを上記 (8)、(9)、(10) の３つの式に代入することで定常状態における資本労働比率、労働力と資本ストックの両部門への配分比率を計算している。そして、この結果として、マクロの定常資本労働比率が現状の何倍にあたるかや、両部

2　Shen（2011）と大西（2016）における、各パラメーターの求め方が違うが、大西（2016）における計算された各パラメーターは現実性が高い。本稿は大西（2016）の研究結果との比較も一つの主旨であるために、パラメーターの導出については大西（2016）だけ説明する。

門への労働力と資本ストックの配分比率が現状からどの程度変化しなけれ
ばならないかを予測しているのである。

　ただし、大西（2016）、Shen（2011）の研究では基本的な推計作業はこ
こまでにとどまっており、こうして計算された定常状態までの「現在」
からの成長経路については非常に強い仮定を前提とした計算となってい
る。Shen（2011）では計算基準年から定常状態までの資本労働比率の成
長トレンドは過去の成長トレンドを単純に延長するという強い仮定を置
いている。具体的には、まず、1981年から2005年の資本労働比率を現実
データから引き出し、この25年間の資本労働比率の伸び率を計算した上
で、計算時点（2005年）からの資本労働比率も同じ成長トレンドで単純
に延長すると仮定する。そして、1981年から2005年までの資本労働比率
の伸び率に従って、2005年における資本労働比率から、計算された定常
状態における資本労働比率に至るまでの必要期間を計算しているのであ
る。このようにして、中国経済のゼロ成長化の年が推計される。他方、大
西（2016）では資本財生産部門が長期に縮小するために当該部門への労
働力や資本ストックの配分比率$1-\varphi$、$1-s$ [3]が直線的に減少するという強
い仮定が置かれている。この仮定で様々に最終年を仮計算し、その中で
どの最終年の想定が(20)式で推計された定常資本労働比率に矛盾なく整
合するかを調べているのである。例えば、大西（2016）の計算では、定
常における$1-s$は9％となるが、2009年「現在」のその現実の値は76％
である。そのため、この仮定では、もし2020年に定常化するのであれば、
$1-s((76-9)/(2020-2009)％/年)$の比率で毎年低下するということになる。
そして、複数の最終年（2020年、2030年、2040年）を設定し、それらの
各最終年それぞれの経路をたどった場合、この最終年に到達する「定常」
資本労働比率が計算された本来の最適値に一致するかどうかをチェックす
る。それによって、どの年を最終年と想定できるかを定めるのである。し
かし、この説明からでもわかるように、これらの仮定はどれもあまりに強
い仮定であり、理論モデルの解とも矛盾している。第3章にも説明したよ

3　大西・金江（2015）の記号では、$1-\varphi = L_1/(L_1+L_2)$、$1-s = K_1/(K_1+K_2)$である。

うに、定常値に向かう過程で資本蓄積率が逓減するからである。そのために、より現実的な推計方法の開拓が求められている。

3. 資本と労働力の配分比率を考えたマルクス派最適成長モデル予測モデルの構築

本節では、資本ストックと労働力の配分比率を時間的各操作変数s、φとしてモデルを立ち上げる。つまり、s、φをそれぞれ労働と資本の消費部門への配分比率とするのである。ここでは、$0 \leq s \leq 1$、$0 \leq \varphi \leq 1$である。それぞれは毎期総労働力をどのような比率（$\varphi:1-\varphi$）で2つの部門に分割するか、毎期総資本ストックをどのような比率で2つの部門に分割するかを表す。すなわち、大西・金江（2015）におけるL_1、L_2は$L_1 = sL$、$L_2 = (1-s)L$と書き替えられ（Lは総労働力）、同じく、K_1、K_2は$K_1 = \varphi K$、$K_2 = (1-\varphi)K$と書き替えられる（Kは総資本）。

大西・金江（2015）の研究とは異なり、資本と労働の配分比率φ、sがKとともに、通時的操作変数としてモデルに組み込まれている。さらに、消費財生産部門と資本財生産部門とも規模に関する収穫一定を仮定する。すなわち、$\alpha_1 + \beta_1 = \alpha_2 + \beta_2 = 1$である。$\alpha_1$、$\alpha_2$はそれぞれ二つの部門の労働分配率で$\beta_1$、$\beta_2$はそれぞれ二つの部門の資本分配率である。

さらに、消費財生産部門（Y）と資本財生産部門（I）の生産関数を次のように設定する。

$$I = B[(1-\varphi)K]^{\alpha_1}[(1-s)L]^{\beta_1} \tag{11}$$

$$Y = A(\varphi K)^{\alpha_2}(sL)^{\beta_2} \tag{12}$$

$$\dot{K} = I - \delta K \tag{13}$$

生産関数(11)、(12)式を以下の図式のように表現することができる。

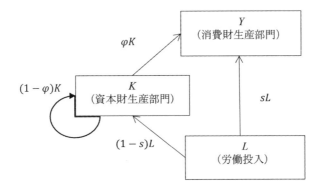

図 5-1　モデルにおける 2 本の生産関数の図式的な表現
出所：筆者作成

さらに、大西・金江 (2015) と同様、通時的効用を (11)、(12) 式の 2 本の生産関数を制約条件として、最大化する問題とすると、

$$\max U = \int_0^\infty e^{-\rho t} \log Y \, dt$$

s.t.

$$Y = A(\varphi K)^{\alpha_2}(sL)^{\beta_2}$$
$$\dot{K} = B[(1-\varphi)K]^{\alpha_1}[(1-s)L]^{\beta_1} - \delta K$$

given $K(0)$ \hfill (14)

となる。

この定式化は社会がその保有する総労働力と総資本を 2 つの生産部門にどう配分すべきかという最適問題である。具体的に、モデルを解いてみよう。制約条件を考慮に入れた経常価値ハミルトニアンを

$$H_c \equiv \log Y + \mu \dot{K} \tag{15}$$

とする。ここで、μ は資本財のシャドウ・プライスである。ここで、さらに $\dot{K}$ に (15) 式を代入すると、

第2部　理論編：マルクス派最適成長論の実証モデルとしての諸改良

$$H_c \equiv \log A + \beta_2 \log s + \beta_2 \log L + \alpha_2 \log K + \alpha_2 \log \varphi + \mu B [(1-s)L]^{\beta_1} [(1-\varphi)K]^{\alpha_1}$$
$$- \mu \delta K \tag{16}$$

となる。

　最適化のための一階条件は、

$$(i) \frac{\partial H_c}{\partial s} = 0$$

$$\Rightarrow \quad \frac{\beta_2}{s} = [(1-\varphi)K]^{\alpha_1} \mu B \beta_1 L^{\beta_1} (1-s)^{\beta_1-1} \tag{17}$$

$$(ii) \frac{\partial H_c}{\partial \varphi} = 0$$

$$\Rightarrow \quad \frac{\alpha_2}{\varphi} = \mu B [(1-s)L]^{\beta_1} \alpha_1 K^{\alpha_1} (1-\varphi)^{\alpha_1-1} \tag{18}$$

$$(iii) \frac{\partial H_c}{\partial K} = \rho\mu - \dot{\mu}$$

$$\Rightarrow \quad \frac{\alpha_2}{K} - \mu\delta + \mu B [(1-s)L]^{\beta_1} (1-\varphi)^{\alpha_1} \alpha_1 (K)^{\alpha_1-1} = \rho\mu - \dot{\mu} \tag{19}$$

$$(iv) \frac{\partial H_c}{\partial \mu} = \dot{K}$$

$$\Rightarrow \quad \dot{K} + \delta K = B [(1-\varphi)K]^{\alpha_1} [(1-s)L]^{\beta_1} \tag{20}$$

となる。

　こうして、(i)(ii) は、最適経路の各時点でハミルトニアンが最大となるよう制御変数が選択されることを意味する。ここでは、内点解を持ち、制御変数に制約がないことを仮定している。(iii) は共役変数に関するμ条件である。両方とも効用単位で測られている。$\frac{\partial H_c}{\partial K}$ は、直接的な生産活動から得られる収益であり、$\dot{\mu}$はキャピタルゲイン（ロス）である。$\rho\mu$は資本μを利子率ρで運用したときの収益（利子）を意味する。すなわち、それは効用単位の世界における、利子率を収益率ρの基準として生産活動が行われているということである。(iv) を解くと、資本蓄積方程式そのものになる。

　また、一階条件以外にも横断性条件と言われる次式も満たさなければならない。すなわち、

$$\lim_{t \to \infty} e^{-\rho t} \mu K = 0 \tag{21}$$

この中の μK は、時点 t での効用単位で測った生産手段価格であり、$e^{-\rho t}$ によりそれを時点 0 で評価した値は時間がたつにつれ 0 に収束するということである。

そして、結果として導かれたのが、以下の 2 本のオイラー方程式である。

$$\dot{\varphi} = \frac{\left[\beta_1 \delta + \rho - \varphi \alpha_1 B \left(\frac{1-s}{1-\varphi}\right)^{\beta_1} \left(\frac{K}{L}\right)^{\alpha_1 - 1}\right]}{\left[\frac{\alpha_1 \varphi - 1}{(1-\varphi)\varphi} + \frac{\beta_1{}^2 \alpha_2 s^2}{(1-s)\alpha_1 \varphi^2 \beta_2}\right]} \tag{22}$$

$$\dot{s} = \frac{\left[\beta_1 \delta + \rho - \frac{s\alpha_2 B \beta_1}{\beta_2} \left(\frac{1-\varphi}{1-s}\right)^{\alpha_1} \left(\frac{K}{L}\right)^{\alpha_1 - 1}\right]}{\left[\frac{\beta_1 s - 1}{(1-s)s} + \frac{\alpha_1{}^2 \beta_2 \varphi^2}{(1-\varphi)\beta_1 s^2 \alpha_2}\right]} \tag{23}$$

定常状態においては $\dot{K} = 0$、$\dot{s} = 0$、$\dot{\varphi} = 0$ であるために、定常状態における総労働力の部門間配分比率、総資本の部門間配分比率、最適資本労働比率は以下のように計算できる。

まずは $\dot{K} = 0$ で資本蓄積方程式は

$$\dot{K} = B[(1-\varphi)K]^{\alpha_1}[(1-s)L]^{\beta_1} - \delta K$$

$$\Rightarrow \quad \left(\frac{K}{L}\right)^{\alpha_1 - 1} = \frac{\delta}{B[(1-\varphi)]^{\alpha_1}[(1-s)]^{\beta_1}} \tag{24}$$

になる。

さらに、定常状態における総資本の部門間配分比率の変化率はゼロで、

$$\dot{\varphi} = \frac{\left[\beta_1 \delta + \rho - \varphi \alpha_1 B \left(\frac{1-s}{1-\varphi}\right)^{\beta_1} \left(\frac{K}{L}\right)^{\alpha_1 - 1}\right]}{\left[\frac{\alpha_1 \varphi - 1}{(1-\varphi)\varphi} + \frac{\beta_1{}^2 \alpha_2 s^2}{(1-s)\alpha_1 \varphi^2 \beta_2}\right]} = 0$$

$$\Rightarrow \quad \left[\beta_1 \delta + \rho - \varphi \alpha_1 B \left(\frac{1-s}{1-\varphi}\right)^{\beta_1} \left(\frac{K}{L}\right)^{\alpha_1 - 1}\right] = 0 \tag{25}$$

となる。

第2部　理論編：マルクス派最適成長論の実証モデルとしての諸改良

(24) 式を代入すれば、

$$\beta_1\delta + \rho = \varphi\alpha_1 B\left(\frac{1-s}{1-\varphi}\right)^{\beta_1}\left(\frac{\delta}{B[(1-\varphi)]^{\alpha_1}[(1-s)]^{\beta_1}}\right) \tag{26}$$

$$\varphi^* = \frac{(1-\alpha_1)\delta + \rho}{\delta + \rho} \tag{27}$$

$$1 - \varphi^* = 1 - \frac{(1-\alpha_1)\delta + \rho}{\alpha_1\delta + \delta + \rho} = \frac{\alpha_1\delta}{\delta + \rho} \tag{28}$$

となる。

従って、定常状態における総資本の部門間配分比率は、

$$K^* : K_1^* : K_2^* = \delta + \rho : \alpha_1\delta : (1-\alpha_1)\delta + \rho \tag{29}$$

となる。

一方、定常状態における総労働の両部門間の配分比率の変化率もゼロであるために、

$$\dot{s} = \frac{\left[\beta_1\delta + \rho - \dfrac{s\alpha_2 B\beta_1}{\beta_2}\left(\dfrac{1-\varphi}{1-s}\right)^{\alpha_1}\left(\dfrac{K}{L}\right)^{\alpha_1-1}\right]}{\left[\dfrac{\beta_1 s - 1}{(1-s)s} + \dfrac{\alpha_1^2\beta_2\varphi^2}{(1-\varphi)\beta_1 s^2\alpha_2}\right]} = 0$$

$$\Rightarrow \quad \beta_1\delta + \rho - \frac{s\alpha_2 B\beta_1}{\beta}\left(\frac{1-\varphi}{1-s}\right)^{\alpha_1}\left(\frac{K}{L}\right)^{\alpha_1-1} = 0 \tag{30}$$

となる。(24) 式を (30) 式に代入すれば、

$$\beta_1\delta + \rho = \frac{s\alpha_2 B\beta_1}{\beta_2}\left(\frac{1-\varphi}{1-s}\right)^{\alpha_1}\left[\frac{\delta}{B(1-\varphi)^{\alpha_1}(1-s)^{\beta_1}}\right]$$

$$\Rightarrow \quad s^* = \frac{[(1-\alpha_1)\delta + \rho]\beta_2}{[(1-\alpha_1)\delta + \rho]\beta_2 + \alpha_2\beta_1\delta} \tag{31}$$

$$\Rightarrow \quad 1 - s^* = \frac{\alpha_2\beta_1\delta}{[(1-\alpha_1)\delta + \rho]\beta_2 + \alpha_2\beta_1\delta} \tag{32}$$

となる。

104

従って、定常状態における総資本労働の部門間の配分比率は、

$$L^*: L_1^*: L_2^* = \{[(1-\alpha_1)\delta + \rho]\beta_2 + \alpha_2\beta_1\delta\}: \alpha_2\beta_1\delta: [(1-\alpha_1)\delta + \rho]\beta_2 \qquad (33)$$

となる。

そして、(28)、(32) 式を (24) 式に代入すれば、

$$\left(\frac{K}{L}\right)^{\alpha_1-1} = \frac{\delta}{B\left[\left(\dfrac{\alpha_1\delta}{\delta+\rho}\right)\right]^{\alpha_1}\left[\dfrac{\alpha_2\beta_1\delta}{[(1-\alpha_1)\delta+\rho]\beta_2+\alpha_2\beta_1\delta}\right]^{\beta_1}}$$

$$\Rightarrow \quad \left(\frac{K}{L}\right)^* = \left\{B\left(\frac{\alpha_1}{\delta+\rho}\right)^{\alpha_1}\left[\frac{\alpha_2\beta_1}{[(1-\alpha_1)\delta+\rho]\beta_2+\alpha_2\beta_1\delta}\right]^{\beta_1}\right\}^{\frac{1}{1-\alpha_1}} \qquad (34)$$

になる。以上の式で、定常状態での資本労働比率、総資本の部門間の配分比率、総労働の部門間の配分比率の計算結果が揃ったこととなる。それは、大西・金江（2015）で得られるそれぞれの解と同じであることが分かる。

4. マルクス派最適成長モデル実証モデルの諸改良

本節は、第3節で拡張した実証モデルに人口成長率と技術進歩率を取り入れながら、鞍点経路を描くオイラー方程式を導くことを目的とする。

(1) 人口成長率の取り組み

人口は外生的な一定の変化率 $\frac{\dot{L_t}}{L_t} = n \geq 0$ で成長するものとする。初期時点における個人の数を L_0 とすると、t 期における人口 L_t は、

$$L_t = L_0 e^{nt} \qquad (35)$$

と計算できる。また、消費財生産部門と資本財生産部門の生産関数は次のようになる。

第2部　理論編：マルクス派最適成長論の実証モデルとしての諸改良

$$I = B[(1 - \varphi)K]^{\alpha_1}[(1 - s)L_t]^{\beta_1} \tag{36}$$

$$Y = A(\varphi K)^{\alpha_2}(sL_t)^{\beta_2} \tag{37}$$

$$\dot{K} = I - \delta K \tag{38}$$

ここで、(36) ～ (38) 式は規模に関する収穫一定を満たし、式の両辺をL_tで割り、時間変数のtを省略すると、

$$y = A(\varphi k)^{\alpha_2}s^{\beta_2} \tag{39}$$

$$i = B[(1 - \varphi)k]^{\alpha_1}(1 - s)^{\beta_1} \tag{40}$$

$$\dot{k} = i - \delta k - nk \tag{41}$$

となり、1人当たりの生産量yと資本kによって生産関数を表せる。

このようにして人口成長率を考慮した場合、第3節におけるモデルは以下のように書き換えることができる。

$$\max U = \int_0^\infty e^{-(\rho - n)t} \log y \, dt$$

$$\text{s.t.}$$

$$y = A(\varphi k)^{\alpha_2}(s)^{\beta_2}$$

$$\dot{k} = i - \delta k - nk$$

$$i = B[(1 - \varphi)k]^{\alpha_1}[(1 - s)]^{\beta_1}$$

$$0 \leq s \leq 1$$

$$0 \leq \varphi \leq 1$$

$$\text{given} \quad k(0) \tag{42}$$

すると、代表的個人の効用最大化問題を解くための経常価値ハミルトニアン Hc は以下のようになる。すなわち、

$$H_c \equiv \log A + \beta_2 \log s + \alpha_2 \log k + \alpha_2 \log \varphi + \mu B(1-s)^{\beta_1}[(1-\varphi)k]^{\alpha_1} - \mu \delta k$$
$$- \mu n k \tag{43}$$

ここで、ハミルトニアンの一階の条件は、

$$(i)\frac{\partial H_c}{\partial s} = 0,$$

$$\Rightarrow \quad \frac{\beta_2}{s} = [(1-\varphi)k]^{\alpha_1}\mu B\beta_1(1-s)^{\beta_1-1}. \tag{44}$$

$$(ii)\frac{\partial H_c}{\partial \varphi} = 0,$$

$$\Rightarrow \quad \frac{\alpha_2}{\varphi} = \mu B[(1-s)]^{\beta_1}\alpha_1 k^{\alpha_1}(1-\varphi)^{\alpha_1-1}. \tag{45}$$

$$(iii)\frac{\partial H_c}{\partial k} = \rho\mu - \dot{\mu},$$

$$\Rightarrow \quad \frac{\alpha_2}{k} - \mu\delta - \mu n + \mu B(1-s)^{\beta_1}(1-\varphi)^{\alpha_1}\alpha_1(k)^{\alpha_1-1} = \rho\mu - \dot{\mu}. \tag{46}$$

$$(iv)\frac{\partial H_c}{\partial \mu} = \dot{k},$$

$$\Rightarrow \quad \dot{k} = B[(1-\varphi)k]^{\alpha_1}(1-s)^{\beta_1} - \delta k - nk,. \tag{47}$$

以上の式から、資本及び労働の消費財部門への配分率の変化変数、すなわち、$\dot{\varphi}$、$\dot{s}$を求めることができる。これらの結果として導かれたものが下記の2本のオイラー方程式である。

$$\dot{\varphi} = \frac{\left[\beta_1\delta + \rho + \beta_1 n - \varphi\alpha_1 B\left(\frac{1-s}{1-\varphi}\right)^{\beta_1}(k)^{\alpha_1-1}\right]}{\left[\frac{\alpha_1\varphi-1}{(1-\varphi)\varphi} + \frac{\beta_1^2\alpha_2 s^2}{(1-s)\alpha_1\varphi^2\beta_2}\right]} \tag{48}$$

第2部　理論編：マルクス派最適成長論の実証モデルとしての諸改良

$$\dot{s} = \frac{\left[\beta_1\delta + \rho + \beta_1 n - \dfrac{s\alpha_2 B\beta_1}{\beta_2}\left(\dfrac{1-\varphi}{1-s}\right)^{\alpha_1}(k)^{\alpha_1-1}\right]}{\left[\dfrac{\beta_1 s - 1}{(1-s)s} + \dfrac{\alpha_1{}^2\beta_2\varphi^2}{(1-\varphi)\beta_1 s^2\alpha_2}\right]} \tag{49}$$

　ここで問題となるのは解析的に解を求めることではなくデータを用いて (48)、(49) 式と $\dot{k} = B[(1-\varphi)k]^{\alpha_1}(1-s)^{\beta_1} - \delta k - nk,$ で用いたパラメーターに具体的な数値を代入することで、経済成長の経路を分析するということである。

　さらに、定常状態においては $\dot{k} = 0$、$\dot{s} = 0$、$\dot{\varphi} = 0$ であるために定常状態における総労働力の部門間配分比率、総資本の部門間配分比率、最適資本労働比率が計算できる。結果は以下の通りである。

$$\varphi^* = \frac{\beta_1\delta + \beta_1 n + \rho}{\delta + \rho + n} \tag{50}$$

$$s^* = \frac{[\beta_1(\delta + n) + \rho]\beta_2}{[\beta_1(\delta + n) + \rho]\beta_2 + \alpha_2\beta_1(\delta + n)} \tag{51}$$

$$k^* = \left\{ B\left[\left(\frac{\alpha_1}{\delta + \rho + n}\right)\right]^{\alpha_1}\right\}\left\{\left(\frac{\alpha_2\beta_1}{[\beta_1(\delta + n) + \rho]\beta_2 + \alpha_2\beta_1(\delta + n)}\right)^{\beta_1}\right\}^{\frac{1}{1-\alpha_1}} \tag{52}$$

(2) 人口成長率及び技術進歩率の取り組み

　本節ではまずマルクス派最適成長モデルに技術進歩率を導入する試みを行う。消費財生産部門と資本財生産部門の2部門生産関数を、それぞれ次のように表す[4]。

4　現段階におけるマルクス派最適成長モデルの発展はまだ閉鎖モデルにとどまっている。閉鎖モデルから開放モデルへの展開は必要不可欠であると認識しているが、輸入・輸出などの要素をモデルに組み込むことは容易ではない。ただし、開放モデルへの拡張は今後の研究課題として取り組んでいる。

$$I_t = B_t[(1 - \varphi_t)K_t]^{\alpha_1}[(1 - s_t)L_t]^{\beta_1} \tag{53}$$

$$Y_t = A_t[\varphi_t K_t]^{\alpha_2}[s_t L_t]^{\beta_2} \tag{54}$$

$$\dot{K}_t = I_t - \delta K_t \tag{55}$$

ただし、本節ではモデルをさらに発展させ、技術進歩率と人口成長率ともモデルに導入することを考えている。まず、モデルにおける消費財生産部門、資本財生産部門はそれぞれλ_1とλ_2で成長すると仮定する。すなわち、

$$\frac{\dot{A}_t}{A_t} = \lambda_1 \tag{56}$$

$$\frac{\dot{B}_t}{B_t} = \lambda_2 \tag{57}$$

である。

ここで、初期における2部門の技術進歩の係数を、$A[0]$、$B[0]$と表すと、t期における技術進歩率は、

$$A_t = A[0]e^{\lambda_1 t} \tag{58}$$

$$B_t = B[0]e^{\lambda_2 t} \tag{59}$$

になる。

次に、ここで両部門における技術進歩の係数の比をεとすれば、

$$\frac{B[0]}{A[0]} = \varepsilon \Rightarrow B[0] = A[0]\varepsilon \tag{60}$$

すると、両部門における技術進歩率は以下のような関係を満たす。すなわち、

$$B_t = \varepsilon A_t e^{(\lambda_2 - \lambda_1)t} \tag{61}$$

である。

上記のように技術進歩を定義した。すると、(53)〜(55)式は以下のよう

に書き換えることができる。ここで、$\hat{y}_t = \frac{Y_t}{A_t L_t}$ は効率的労働 1 単位当たりの消費量、$\hat{i}_t = \frac{I_t}{A_t L_t}$ は効率的労働 1 単位当たりの資本フローを示すものであり、$\hat{k}$ は効率的単位労働当たりの資本ストックである。すなわち、

消費財生産部門は、

$$\hat{i}_t = (\varphi_t \hat{k}_t)^{\alpha_2} s_t^{\beta_2} \tag{62}$$

資本財生産部門は、

$$\hat{y}_t = \left[(1 - \varphi_t)\hat{k}_t\right]^{\alpha_1} \left[\varepsilon e^{(\lambda_2 - \lambda_1)t}(1 - s_t)\right]^{\beta_1} \tag{63}$$

資本蓄積方程式は、

$$\dot{\hat{k}} = \hat{i}_t - \delta\hat{k}_t - n\hat{k}_t - \lambda_1\hat{k}_t \tag{64}$$

となる。

なお、ここで、代表的個人が消費で得られる効用は $\hat{y}_t A_t = \frac{Y_t}{L_t}$ となる。よって、マルクス派最適成長モデルで考える代表的個人の通時的効用の式を書く際に下記の形で表記することができる。

$$u = \int_0^\infty e^{-\rho t} \log\left\{\hat{y}_t A[0] e^{\lambda_1 t}\right\} dt \tag{65}$$

同様に、以上のように配慮して作られた通時的効用を消費財生産及び資本財生産の 2 本の生産関数を条件として最大化する問題を考えると、以下の方程式により表現できる。

第 5 章

$$\max u = \int_0^\infty e^{-\rho t} \log\left\{\hat{y}_t A[0] e^{\lambda_1 t}\right\} dt$$

s. t.

$$\hat{y}_t = \left(\varphi_t \hat{k}_t\right)^{\alpha_2} s_t^{\beta_2}$$

$$\hat{i}_t = \left[(1-\varphi_t)\hat{k}_t\right]^{\alpha_1} [\varepsilon(1-s_t)]^{\beta_1}$$

$$\dot{\hat{k}} = \hat{i}_t - \delta\hat{k}_t - n\hat{k}_t - \lambda_1\hat{k}_t$$

given $\hat{k}(0)$

$$0 \le \varphi_t \le 1$$

$$0 \le s_t \le 1$$

$$\lim_{t\to\infty} e^{-\rho t} \mu_t \hat{k}_t = 0 \tag{66}$$

これは通時的効用を最大化する「条件付き最大化問題」として解くことができ、経常価値ハミルトニアン Hc は以下の通りになる。

$$Hc \equiv \log A[0] e^{\lambda_1 t} \hat{y}_t + \mu\left\{\left[(1-\varphi_t)\hat{k}_t\right]^{\alpha_1} [(1-s_t)\varepsilon e^{(\lambda_2-\lambda_1)t}]^{\beta_1} - (n+\delta+\lambda_1)\hat{k}_t\right\}$$

$$Hc \equiv \log A[0] + \lambda_1 t + \alpha_2 \log\hat{k}_t + \alpha_2 \log\varphi_t + \beta_2 \log s_t$$

$$+ \mu_t\left\{\left[(1-\varphi_t)\hat{k}_t\right]^{\alpha_1} [(1-s_t)\varepsilon e^{(\lambda_2-\lambda_1)t}]^{\beta_1} - (n+\delta+\lambda_1)\hat{k}_t\right\} \tag{67}$$

このとき、ハミルトニアンの一階の条件は

$$(i)\, \frac{\partial Hc}{\partial s} = 0$$

$$\Rightarrow \frac{\beta_2}{s} = [\varepsilon e^{(\lambda_2-\lambda_1)}]^{\beta_1} \left[(1-\varphi)\hat{k}\right]^{\alpha_1} \mu\beta_1(1-s)^{\beta_1-1} \tag{68}$$

$$(ii)\, \frac{\partial H_c}{\partial \varphi} = 0$$

$$\Rightarrow \frac{\alpha_2}{\varphi} = \mu[\varepsilon e^{(\lambda_2-\lambda_1)}(1-s)]^{\beta_1} \alpha_1 \hat{k}^{\alpha_1}(1-\varphi)^{\alpha_1-1} \tag{69}$$

111

第2部　理論編：マルクス派最適成長論の実証モデルとしての諸改良

$$(iii)\frac{\partial Hc}{\partial \hat{k}} = \rho\mu - \dot{\mu}$$

$$\Rightarrow \frac{\alpha_2}{\hat{k}} - \mu\delta - \mu n + \mu\left[\varepsilon e^{(\lambda_2-\lambda_1)}(1-s)\right]^{\beta_1}(1-\varphi)^{\alpha_1}\alpha_1\left(\hat{k}\right)^{\alpha_1-1} = \rho\mu - \dot{\mu} \tag{70}$$

$$(iv)\frac{\partial Hc}{\partial \mu} = \overset{\bullet}{\hat{k}}$$

$$\Rightarrow \left[(1-\varphi)\hat{k}\right]^{\alpha_1}\left[(1-s)\varepsilon e^{(\lambda_2-\lambda_1)}\right]^{\beta_1} - (n+\delta+\lambda_1)\hat{k} = \overset{\bullet}{\hat{k}}. \tag{71}$$

となる。

　以上の式から、資本及び労働の消費財部門への配分率の変化変数、すなわち、$\dot{\varphi}$、$\dot{s}$ を求めることができる。これらの結果として導かれたものが下記の2本のオイラー方程式である。

$$\dot{\varphi} = \frac{\left[\beta_1\delta + \rho + \beta_1 n + \beta_1\lambda_2 - \left[\varepsilon e^{(\lambda_2-\lambda_1)t}\right]^{\beta_1}\varphi\alpha_1 B\left(\frac{1-s}{1-\varphi}\right)^{\beta_1}\left(\hat{k}\right)^{\alpha_1-1}\right]}{\left[\frac{\alpha_1\varphi-1}{(1-\varphi)\varphi} + \frac{\beta_1^{\,2}\alpha_2 s^2}{(1-s)\alpha_1\varphi^2\beta_2}\right]} \tag{72}$$

$$\dot{s} = \frac{\left[\beta_1\delta + \rho + \beta_1 n + \beta_1\lambda - \frac{s\alpha_2\left[\varepsilon e^{(\lambda_2-\lambda_1)t}\right]^{\beta_1}\beta_1}{\beta_2}\left(\frac{1-\varphi}{1-s}\right)^{\alpha_1}\left(\hat{k}\right)^{\alpha_1-1}\right]}{\left[\frac{\beta_1 s-1}{(1-s)s} + \frac{\alpha_1^{\,2}\beta_2\varphi^2}{(1-\varphi)\beta_1 s^2\alpha_2}\right]} \tag{73}$$

　ここで問題となるのは解析的に解を求めることではなくデータを用いて(72)、(73)式と $\overset{\bullet}{\hat{k}} = B[(1-\varphi)\hat{k}]^{\alpha_1}[(1-s)]^{\beta_1} - \delta\hat{k} - n\hat{k} - \lambda_1\hat{k}$ で用いたパラメーターに具体的な数値を代入することで、経済成長の経路を分析するということである。

　さらに、定常状態においては $\overset{\bullet}{\hat{k}} = 0$、$\dot{s} = 0$、$\dot{\varphi} = 0$ であるために、定常状態における総労働力の部門間配分比率、総資本の部門間配分比率、最適資本労働比率が計算できる。結果は以下の通りである。

$$\varphi^* = \left(\frac{K_2}{K}\right) = \frac{\beta_1(\delta + n + \lambda_2) + \rho}{\alpha_1(\delta + n + \lambda_1) + \beta_1(\delta + n + \lambda_2) + \rho} \tag{74}$$

$$s^* = \left(\frac{L_2}{L}\right) = \frac{[\beta_1(\delta + n + \lambda_2) + \rho]\beta_2}{[\beta_1(\delta + n + \lambda_2) + \rho]\beta_2 + \alpha_2\beta_1(\delta + n + \lambda_1)} \tag{75}$$

$$\left(\hat{k}\right)^*$$

$$= \left\{\left[\left(\frac{\alpha_1}{\alpha_1(\delta + n + \lambda_1) + \beta_1(\delta + n + \lambda_2) + \rho}\right)^{\alpha_1}\right]\left[\left(\frac{\varepsilon e^{(\lambda_2 - \lambda_1)t}\alpha_2\beta_1}{[\beta_1(\delta + n + \lambda_2) + \rho]\beta_2 + \alpha_2\beta_1(\delta + n + \lambda_1)}\right)^{\beta_1}\right]\right\}^{\frac{1}{1-\alpha_1}} \tag{76}$$

$$(k)^*$$

$$= B_{t^*}\left\{\left[\left(\frac{\alpha_1}{\alpha_1(\delta + n + \lambda_1) + \beta_1(\delta + n + \lambda_2) + \rho}\right)^{\alpha_1}\right]\left[\left(\frac{\alpha_2\beta_1}{[\beta_1(\delta + n + \lambda_2) + \rho]\beta_2 + \alpha_2\beta_1(\delta + n + \lambda_1)}\right)^{\beta_1}\right]\right\}^{\frac{1}{1-\alpha_1}} \tag{77}$$

5. マルクス派最適成長モデルを用いた実証提示

(1) モデルの推計について

　第4節では、マルクス派最適成長モデルの実証モデルを構築し、現実の経済に即したいくつかの改良も加えた。この節では、具体的にどのように実証分析を行うか、その方法について記述する。

　前述のように、マルクス派最適成長モデルを用いたマクロ経済成長に対する政策的インプリケーションとして、次の3つの点が挙げられる。まず、経済成長の段階における生産部門の発展に関する問題は、①分析対象となる経済が最適成長経路に乗っているかどうか、②最適成長を達成するために、生産要素を資本財部門と消費財部門へどのように配分すべきか、という2点であり、これら2つの問題を解くことで分析が可能となる。こうした論点は、マクロ経済上における投資と消費のバランス化問題を、産業レベルで投資財と消費財の生産量のバランス化問題として読み替え、より詳

第2部　理論編：マルクス派最適成長論の実証モデルとしての諸改良

細に検討する視角の提供につながる。また、マルクス派最適成長モデルは、経済成長率の低下と対 GDP 投資比率の低下が必然的であることを示しており、③経済成長率やそれを通じた国ごとの将来の経済発展の経路を予測する際にも応用できる。

　これらの分析の基盤となっているのは、モデルから導かれる 2 本のオイラー方程式、資本蓄積方程式、および定常状態で得られた定常解を表す一連の式である。具体的には、実証分析において、最適成長を達成するための生産要素の資本財部門と消費財部門への配分率は、次のような式で表される。

$$\varphi^* = \frac{(1 - \alpha_1)\delta + \rho}{\delta + \rho} \tag{27}$$

$$s^* = \frac{[(1 - \alpha_1)\delta + \rho]\beta_2}{[(1 - \alpha_1)\delta + \rho]\beta_2 + \alpha_2\beta_1\delta} \tag{31}$$

$$\left(\frac{K}{L}\right)^* = \left\{ B\left(\frac{\alpha_1}{\delta + \rho}\right)^{\alpha_1} \left[\frac{\alpha_2\beta_1}{[(1 - \alpha_1)\delta + \rho]\beta_2 + \alpha_2\beta_1\delta}\right]^{\beta_1} \right\}^{\frac{1}{1 - \alpha_1}} \tag{34}$$

　成長経路のシミュレーションには、以下の 2 本のオイラー方程式と資本蓄積方程式が用いられる。

$$\dot{\varphi} = \frac{\left[\beta_1\delta + \rho - \varphi\alpha_1 B\left(\frac{1 - s}{1 - \varphi}\right)^{\beta_1}\left(\frac{K}{L}\right)^{\alpha_1 - 1}\right]}{\left[\frac{\alpha_1\varphi - 1}{(1 - \varphi)\varphi} + \frac{\beta_1{}^2\alpha_2 s^2}{(1 - s)\alpha_1\varphi^2\beta_2}\right]} \tag{22}$$

$$\dot{s} = \frac{\left[\beta_1\delta + \rho - \frac{s\alpha_2 B\beta_1}{\beta_2}\left(\frac{1 - \varphi}{1 - s}\right)^{\alpha_1}\left(\frac{K}{L}\right)^{\alpha_1 - 1}\right]}{\left[\frac{\beta_1 s - 1}{(1 - s)s} + \frac{\alpha_1{}^2\beta_2\varphi^2}{(1 - \varphi)\beta_1 s^2\alpha_2}\right]} \tag{23}$$

$$\dot{K} = B[(1 - \varphi)K]^{\alpha_1}[(1 - s)L]^{\beta_1} - \delta K \tag{13}$$

　また、推計において必要となる各パラメーターは表 5-1 のとおりである。

114

表 5-1　生産関数における各パラメーター

	定義	取得方法
a_1	資本財生産部門における資本分配率	2部門データより推定
a_2	消費財生産部門における資本分配率	
β_1	資本財生産部門における労働分配率	
β_2	消費財生産部門における労働分配率	
A	資本財生産部門の全要素生産性	
B	消費財生産部門の全要素生産性	
δ	資本の減価償却率	先行研究より
ρ	時間選好率	先行研究より

出所：筆者作成

(2) 経済成長経路の推計過程

前節で示した2本のオイラー方程式に代入し、さらに資本蓄積方程式を用いて、動学経路の描き方を説明する。

ステップ①：生産量、労働人口、資本投入を含む2部門の時系列データを整備し、生産関数のパラメーター推定を行う。

ステップ②：整備された時系列データに基づいて、初年度（整備された時系列データの最終年度）の消費財生産部門および資本財生産部門の両部門の生産量及び資本ストックの計算を行う。また、初年度の2部門における労働と資本の配分比率、すなわち方程式の s、φ の具体値も計算する。

ステップ③：ステップ①、②で推定、計算したパラメーターと初期値を基に、(22)、(23) 式から $\dot{s}$、$\dot{\varphi}$ を計算する。それに基づいて、次年度の s、φ が計算できる。同時に、(11)、(12) 式（生産関数）に従って、次年度の総消費・総投資の総額および1人あたりの資本ストックを計算する。このように、リカーシブに繰り返し計算を進める。

その結果、図 5-2 に示されているように、モデルでは1人あたり資本ストックの最適値 $(K/L)^*$ に到達すると、資本蓄積が停止する。また、経済成長率も同時に徐々に減少していく。大西（2016）によると、現在の先進諸国はすでにこの段階に入り、その結果、成長率はほぼゼロになっている。すなわち、経済発展の流れとしては、高成長から中成長、最終的に低成長（ゼロ成長）への推移は不可避である。こうして、マルクス派最適成長モデルは成長率の長期的低下を重要な理論的帰結としている。

115

第2部　理論編：マルクス派最適成長論の実証モデルとしての諸改良

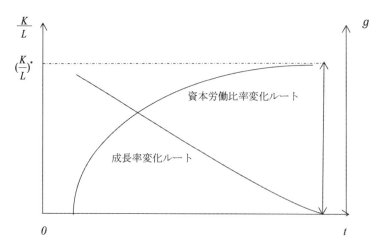

K/L:労働資本比率 ； $(K/L)^*$:最適資本労働比率 ； g ：成長率 ；

図5-2　マルクス派最適成長論における資本労働比率の変化に対応した理論上の成長率の変化

出所：筆者作成

　大西（2016）の推計結果と比較するために、同研究で使用された各パラメーターを基に、第3節で提示した予測モデルを用いて、対象国経済がゼロ成長に至る経路及び時期を再推計する。図5-3は、計算された各年の資本労働比率、及び各年に対応する経済成長率を2本の線で表示している。図5-3に見るように、ゼロ成長に入るのは2040年であることが推定できる[5]。これは、大西（2016）の研究より7年遅いとの結果である。大西（2016）では2009年以降の中国経済は一定のスピードで減速するという恣意的な仮定が置かれていたためと考えられる。さらに、この結果は、Shen（2011）が予測した結果と一致し、より適切な推計方法を用いた本章の推定が、現時点では最も妥当なものだと言えよう。

5　詳細については李（2018）を参照してください。

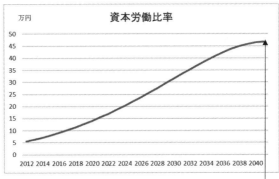

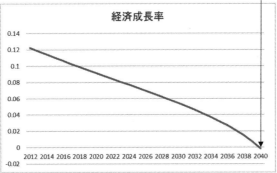

図5-3 本章モデルによる資本労働比率と成長率の予測
出所:筆者作成

第6章　マルクス派最適成長モデル実証のための2部門データ構築

──中国2000年代の過剰投資をめぐって[1]

1. はじめに

　中国は改革開放以降急速な経済成長を遂げており、2000年から2010年にかけても平均10%という高度成長を維持してきた。しかし、2010年以降、経済成長率が10.6%を下回り、高度成長期が終焉を迎え中成長期に入っている。中国政府は今までの高度成長期の成長エンジンである投資依存型成長を懸念し、供給サイドの改革による構造調整を始め、2014年に経済成長の「新常態」を提唱している。

　中国のGDPに占める総固定資本形成のシェアは長らく拡大傾向をたどってきている。近年、政府が消費主導経済への転換を進めたため、投資比率の上昇にブレーキがかかったものの、2017年時点の投資比率が44.41%と高水準である。この過程で、収益性の低いインフラ、不動産業開発事業が少なからず生まれた。さらに、このような一連のインフラ投資や不動産投資により鉄鋼業などで設備投資が促され、生産能力の過剰感が増した。

　一方、国内生産に占める最終消費の比率は80年代には60%以上であったが、2003年には60%を下回り、2008年以降には50%をも下回った。近年、中国政府が消費主導経済への転換を進めたため、かろうじて50%まで維持できている。このように、投資依存型成長経路に従って発展してきた中国経済は、投資・需要のアンバランス問題に直面し、経済成長率が鈍

1　本章は大平哲・李晨（2019）「中国2000年代の投資財生産部門の過剰拡大：消費財・投資財2部門分割データが示唆すること」『三田学会雑誌』112（2）pp.49-68による。

化している。

　市場機構が十分に調節能力を発揮できるのであれば、消費者・需要側の効用の最大化の達成と、生産者・供給側の利潤最大化のバランスが維持される。ところが、現実の成長過程では、供給側が好景気の勢いにまかせて過剰な投資をしてしまい、需要・供給のバランスを維持できなくなることがある。このようなアンバランスの問題は、供給側の多様性を考えるとますます深刻になる。生産者が2部門以上存在するときには、部門間の相互連関を円滑に調整することが困難になるからである。いま中国では、このような生産者・供給内の部門間の不均等によって、成長に支障が生じることが問題になっている。このような不均衡問題により、部門間の生産要素配分の不均衡問題をもたらし、資源が十分に活用されなくなる。蔡（2016）、羅（2016）、趙（2017）、徐（2017ab）は、生産者を資本財生産部門と消費財生産部門とに分割したとき、資本財生産部門が過剰に大きくなっていることが問題であると指摘している。

　このような不均衡問題があるか否か、あるとしてどのように構造改革をすすめるかを考察するにあたっては、消費財生産と資本財生産の不均衡問題を念頭に置く必要がある。さらに、今後の中国経済の発展における資本と労働をいかに2部門に合理的に分配すべきかを解決するためには、マクロ経済全体を1つの部門として分析する標準的な経済成長論ではなく、消費財生産部門と資本財生産部門の2部門を分割する経済成長モデルによる分析が必須になる。このような研究としては Uzawa（1961）、Uzawa（1964）に始まる研究がある。山下・大西（2002）など、Uzawa モデルと同じ発想で、マルクスの再生産モデルを再解釈するマルクス派最適成長モデルもある。中国政府の政策立案の基礎になるマルクス経済学における研究では資本財生産部門と消費財生産部門との2部門再生産表式を用いた分析が重要になる。

　これらのモデルの分析によって、解析的には多くの洞察を得ることができるにもかかわらず、実証分析はほとんどされてこなかった。実証分析をするためのデータが未整備だからである。現在の SNA では経済全体での集計量のデータや、農業、工業などの産業ごとの生産関連データがきわめ

119

第2部　理論編：マルクス派最適成長論の実証モデルとしての諸改良

て充実している一方、資本財、消費財の2部門分類という観点で作るデータが存在しないので、Uzawa タイプの2部門成長モデルの現実的妥当性を観察データと照合できない。

　このようなデータ整備には、Kuga（1967）や Takahashi, Mashiyama and Sakagami（2012）などの数少ない先駆的研究がある。また、マルクス的再生産表式の実証を指向している Fujimori（1992）や、張（2004）をはじめとし、徐（2016）（2017ab）、趙・趙・李（2016）なども2部門データの構築を試みている。本章ではそれらの先行研究の成果を踏まえながら、2部門経済成長モデルを実証するためのデータ整備を考えることにする。先行研究では産業連関表のデータが未整備な状況での研究であるための限界を抱えている。本章では先行研究を展望しながら、先行研究で課している仮定をあきらかにしながら今後のデータ構築のありかたを提唱する。また、近年になって急速に整備がすすんでいる産業連関表データを利用しながら、中国政府がよってたつマルクス経済学的な2部門再生産表式にデータをあてはめてみる。具体的には World Input-Output Database（以下 WIOD）の 43 カ国のデータが共通フォーマットで整備されている成果を利用する[2]。また、WIOD と同時に公表している Socio Economic Accounts と合わせて、中国経済における資本財生産部門、消費財生産部門間のバランスがどのように変化しているかを見る。

　そのために、まず第2節では中国における近年の経済成長や資本財生産部門・消費財生産部門間のアンバランスを指摘する議論を整理する。第3節ではデータの構築方法をまとめ、そこでまとめた手法を第4節で中国、及び比較対象とするインド、日本、米国のデータにあてはめる。

2. 中国における資本財生産部門の肥大化

　中国は改革開放以降急速な経済成長を遂げている。さらに、2000 年から 2010 年にかけて平均 10％という高度成長を維持してきた。しか

2　Timmer, Dietzenbacher, Los, Stehrer and de Vries（2015）

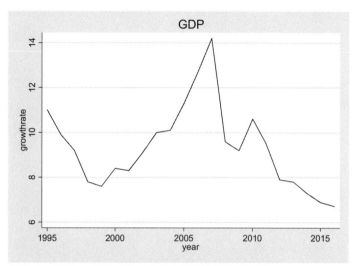

図6-1　1995〜2016年における中国経済成長率の推移
出所：International Monetary Fund, World Economic Outlook Database, October 2018
　　　より筆者作成

し、2010年以降、中国の経済成長率は10.6％を下回り、高度成長期が終焉を迎えながら中成長に入っている。図6-1によると中国の経済成長率は2007年にピークを迎えていることがわかる。

　こうした経済成長の鈍化の原因を掘り下げて分析する際に、中国経済における投資過剰の問題が浮上してきた。高度成長期においては、中国国内総生産に占める総固定資本形成のシェアは長らく拡大傾向にあり、図6-2が示すように、80年代から90年代までの間、国内総生産における資本形成率は22％〜25％であった。しかし、経済発展に伴い、90年代中期から2000年代初頭までは37.41％程度の資本形成率を推移しており、さらに、2002年から顕著な成長を続け、2003年になって40.37％という高水準を達成した。

　世界金融危機による景気の腰折れを避けるために、2008年に中国政府は4兆元を投入し、大規模景気対策を実施した上に、実質金利を低めるように誘導をした。その結果、国内総生産に占める投資（総資本形成）のシェアは2008年以来4年連続で右肩上がりの大幅な増加を見せ、2011年

第2部　理論編：マルクス派最適成長論の実証モデルとしての諸改良

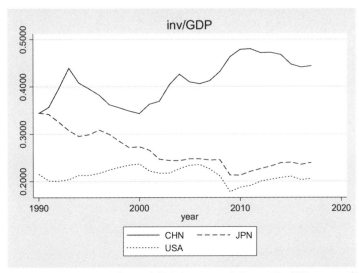

図6-2　1995〜2016年に国内総生産における中米日3国の投資シェアの推移
出所：International Monetary Fund, World Economic Outlook Database, October 2018 より筆者作成

には48％を超えた。中国政府が消費主導型経済への転換を図るため、投資比率の上昇にブレーキをかけたとはいえ、それでも2017年時点の投資比率は44.41％という高水準にある。米国（USA）の平均21.31％、日本（JPN）の平均26.41％に比べてもかなり高く、インド（IND）に比べても高い数値になる。このような経済成長は投資依存型経済成長経路と呼ばれ、中国経済の高度成長のエンジンだと言われてきた。他方、その過程の中から、収益性の低いインフラ建設、不動産業開発事業が少なからず生まれていた。さらに、この一連のインフラ投資や不動産投資により鉄鋼業などで設備投資が煽られ、生産能力の過剰感が顕著に高まった。近年多くの専門家が指摘する中国経済を苦しめる生産能力過剰の問題である。

　一方、国内総生産に占める最終消費の比率は1980年代には60％以上でありながら、2003年には60％を下回った。さらに2008年以降に50％をも下回り、その後に中国政府が消費主導経済への転換をすすめたため、かろうじて50％を維持している。

　市場機構が十分に調節能力を発揮できているなら、消費者・需要側が効

用の最大化と、生産者・供給側の利潤最大化のバランスが維持される。ところが、現実の成長過程では、供給側が好景気の勢いにまかせて過剰な投資をしてしまい、需要・供給のバランスを維持できなくなることがある。このようなアンバランスの問題は、供給側の多様性を考えるとますます深刻になる。生産者が2部門以上存在するときには、部門間の相互連関を円滑に調整することが困難になる。いま中国では、このような生産者・供給内の部門間の不均等によって、成長に支障が生じることが問題になっていると考えられている。

　李（2008）、楊（2012）、楊・朱（2018）は経済発展の当初は資本財生産部門を優先的に発展させることが必要であるものの、経済発展により2部門の不均衡問題が生じ、経済発展に悪影響をあたえると指摘する。蔡（2016）、羅（2016）、趙（2017）などは、中国が直面している投資・消費の不均衡問題の根本的要因が資本財生産部門と消費財生産部門との部門間の不均衡問題であるとしている。部門間の不均衡問題により、生産要素配分の非効率問題が生じ、供給側の過剰問題に至る。政府当局もこうした不均衡問題を意識しつつある。2002年の中国第十六人民大会では初めて産業構造改革の必要性を示し、さらに、2007年には当時の首相温家宝が中国経済最大の問題が、成長が不安定で不均衡、不調和である上に持続不可能であることだとし、マクロ経済での不均衡問題への注目を呼び掛けていた。2016年から、習近平政権が2015年末の中央経済工作会議で決定した「供給側の構造改革」が重要な施策になっている。ただし、中国政府当局は「供給側の構造改革」に取り組んでいる際に、「現在中国が向かっている供給側の構造改革は現代経済であるケインズ経済学の分野で提唱されている供給需要不均衡問題ではない」と明示しながら、「政治経済学を用いて論じなければならない問題である」とした[3]。Yu and Jian（2017）も同じことをより詳しく論じている。中国における需要と供給の不均衡問題はケインズ経済学の分野で提唱されている需要供給不均衡問題とは違い、資本財生産と消費財生産との不均衡問題であると韓（2016）は指摘する。こ

3　習（2016）

第2部 理論編：マルクス派最適成長論の実証モデルとしての諸改良

のような不均衡問題があるか否か、あるとしてどのように構造改革をすすめるかを考察するにあたっては、資本財生産と消費財生産との2部門データを構築することが必須になる。

3. データの構築

(1) 先行研究

　資本財生産部門と消費財生産部門との2部門にデータを分割する研究には大きく2つのものがある。第1は、Kuga（1967）を先駆とし、高橋・増山・坂上（2002）、Takahashi, Masuyama and Sakagami（2012）等によるもので、Uzawa（1961）に始まる2部門モデルの含意を測定するものである。第2はFujimori（1992）をはじめとしたマルクスの再生産表式の実証を指向するものであり、その発想をマルクス派最適成長モデルの実証に応用しようとする大西（2016）や、趙・趙・李（2016）、徐（2016, 2017ab）、張（2004）などの中国での研究を生み出している。

　第1のタイプの研究では2部門経済成長モデルの含意である資本財生産部門と消費財生産部門との資本集約度の比較を主な研究目的にしている。Uzawa（1961, 1964）は、消費財と資本財の2部門成長モデルの経路が両部門における資本集約度の大小関係に依存して変わることを示している。Benhabib and Nishimura（1985）はモデルを一般化し、資本財生産部門での資本集約度の方が大きいときには、均衡経路上で資本ストックは単調に発散するか減少するのに対し、資本集約度の大きさが逆転すると均衡経路が定常解への安定経路になることを示している。

　以上のことは、経済発展の途上にある国々では資本財生産部門における資本集約度が高く、安定成長に入った先進国では消費財生産部門における資本集約度が高いことを示唆する。高橋・増山・坂上（2002）、Takahashi, Masuyama and Sakagami（2012）は日本の産業連関表データを用いて資本財生産部門、消費財生産部門のデータを生成し、1975年前後に資本財生産部門と消費財生産部門との間での資本集約度の逆転が起きていることを示している。この研究によると、日本では高度成長期までは

124

資本財生産部門における資本集約度のほうが高かったが、安定成長期以降に他の先進国と同じく消費財生産部門での資本集約度が大きくなっている。

第2の方法はFujimori（1992）、張（2004）等のものである。これらの研究は、中国経済における資本財生産部門と消費財生産部門との不均衡問題などを対象としているものの、その方法はマルクスの再生産表式に基づいており、産業連関表における各項目をいかに再生産表式に照合するか、すなわち、産業連関表の各項目をいかに不変価値、可変価値、剰余価値に分類するかを中心に研究している。産業連関表を資本財生産部門と消費財生産部門との2部門産業連関表に転換するものである。

第1、第2のタイプの研究いずれにおいても産業連関表を用いて資本財生産部門、消費財生産部門のデータを生成しようとしている。以下では以上2つの手法を包括的に整理する枠組みを提示し、今後の2部門モデルの実証でつかえるデータの構築方法の提案をする。

本章では産業連関表データから消費財生産部門と資本財生産部門のデータを構築する。具体的には総生産量と中間投入との間に線形の関係を仮定した上で、各産業の総生産量を消費財生産部門と資本財生産部門の両部門に分割することを考える。その分割の比率をそのまま資本ストックや労働量のデータの分割にも用いるのが基本的なアイディアである。すなわち、総生産の消費財生産部門への分割比率をθとすると、それをつかって資本ストックKのデータのうちθKだけが消費財生産部門、残りが資本財生産部門につかわれると考えるのである。労働量その他のデータについても同じ比率を適用することになる。

実際の産業連関表では輸出入のデータもあり、その分割方法も課題になる。以下では産業連関表の構造を確認した上で、最初はその中の輸出入部分を無視して、先行研究が大きく2つのものに分類できることを示し、そのうちFujimori（1992）の方法を採用すべきことをまとめる。その上で、輸出入を考慮すると2部門データの構築方法をどのように修正すべきかを整理する。

第2部　理論編：マルクス派最適成長論の実証モデルとしての諸改良

(2) 閉鎖経済の産業連関表

X_{ij} を i 産業部門の生産量のうち第 j 産業部門で投入する量とすると、$\sum_{j=1}^{n} X_{ij}$ は中間需要合計であり、$\sum_{i=1}^{n} X_{ij}$ は中間投入合計となる。国内最終需要は、国内消費 (C_i) と国内投資 (ΔK_i) からなる。投入係数 α_{ij} を j 部門の生産 X_j に必要な i 部門の生産額 x_{ij} の割合を、

$$\alpha_{ij} = \frac{x_{ij}}{X_{ij}}, \quad i, \quad j \ = 1, \cdots, n \tag{1}$$

と定義し、非負かつ一定と仮定する。投入係数行列 A、消費ベクトル C、投資ベクトル ΔK、単位行列 I を用いると、総生産額列ベクトル X は以下のように示すことができる。

$$AX + C + \Delta K = X \tag{2}$$

要素ごとに表記すると次のようになる。

表6-1　取引基本表

| | 中間投入 | | | | 国内最終需要 | | 総生産 |
	産業1	産業2	$\cdots$	産業n	消費	投資	
産業1	X_{11}	X_{12}	$\cdots$	X_{1n}	C_1	ΔK_1	X_1
産業2	X_{21}	X_{22}	$\cdots$	X_{2n}	C_2	ΔK_2	X_2
$\vdots$	$\vdots$	$\vdots$	$\vdots$	$\vdots$	$\vdots$	$\vdots$	$\vdots$
産業n	X_{n1}	X_{n2}	$\cdots$	X_{nn}	C_n	ΔK_n	X_n
付加価値	V_1	V_2	$\cdots$	V_n			
総生産	X_1	X_2	$\cdots$	X_n			

出所：筆者作成

X についてまとめると

$$X = (I - A)^{-1}(C + \Delta K) \tag{3}$$

になる。

(3) 先行研究における3類型

(3) 式ですべてのデータを消費財生産部門と資本財生産部門とに分割する方法を整理しよう。右辺の消費 C が消費財生産部門、投資 ΔK が資本財生産部門に対応することは自明であるが、それに応じて左辺の総生産量 X をどのように分割するかにはいくつかの考え方がある。

各セクター i で総生産の消費財生産部門と資本財生産部門への配分比率を θ_i、$1 - \theta_i$、各セクター i での中間投入の消費財生産部門と資本財生産部門への配分比率を θ_i'、$1 - \theta_i'$ とする。すなわち、

$$X_{ij,C} = \theta_i X_i$$
$$X_{ij,\Delta K} = (1 - \theta_i) X_i \tag{4}$$
$$a_{ij,C} = \theta_i'.$$
$$\alpha_{ij,\Delta K} = (1 - \theta_i') \tag{5}$$

行列表示で次のようになる。

$$\begin{pmatrix} \theta_1 & \cdots & 0 \\ \vdots & \ddots & \vdots \\ 0 & \cdots & \theta_n \end{pmatrix} \begin{pmatrix} X_1 \\ \vdots \\ X_n \end{pmatrix} = \begin{pmatrix} \theta_1' & \cdots & 0 \\ \vdots & \ddots & \vdots \\ 0 & \cdots & \theta_n' \end{pmatrix} \begin{pmatrix} a_{11} & \cdots & a_{1n} \\ \vdots & \ddots & \vdots \\ a_{n1} & \cdots & a_{nn} \end{pmatrix} \begin{pmatrix} X_1 \\ \vdots \\ X_n \end{pmatrix} + \begin{pmatrix} C_1 \\ \vdots \\ C_n \end{pmatrix}$$

$$\begin{pmatrix} (1-\theta_1) & \cdots & 0 \\ \vdots & \ddots & \vdots \\ 0 & \cdots & (1-\theta_n) \end{pmatrix} \begin{pmatrix} X_1 \\ \vdots \\ X_n \end{pmatrix} = \begin{pmatrix} (1-\theta_1') & \cdots & 0 \\ \vdots & \ddots & \vdots \\ 0 & \cdots & (1-\theta_n') \end{pmatrix} \begin{pmatrix} a_{11} & \cdots & a_{1n} \\ \vdots & \ddots & \vdots \\ a_{n1} & \cdots & a_{nn} \end{pmatrix} \begin{pmatrix} X_1 \\ \vdots \\ X_n \end{pmatrix} + \begin{pmatrix} \Delta K_1 \\ \vdots \\ \Delta K_n \end{pmatrix} \tag{6}$$

あるいは

$$(\theta_1' a_{i1} X_1 + \cdots \theta_n' a_{in} X_n) + C_i = \theta_i X_i \qquad i = 1, \cdots, n \tag{7}$$

$$((1-\theta_1') a_{i1} X_1 + \cdots (1 - \theta_n' a_{in} X_n) + \Delta K_i = (1 - \theta_i) X_i \qquad i = 1, \cdots, n \tag{8}$$

を導くことができる。(7) 式と (8) 式は独立ではなく、独立な式は (7) 式が n 本である。観察データで分からない変数には θ_i、θ_i' がそれぞれ n 個ずつ

第2部　理論編：マルクス派最適成長論の実証モデルとしての諸改良

合計 $2n$ 個ある。(7) 式を出発点として、中間投入の分割比率 θ_i' について何らかの仮を置きながら、θ_i を求める方法を以下で考えることにする。

1）同比率の仮定

Takahashi, Mashiyama and Sakagami（2012）では Kuga（1967）の方法を踏襲し $\theta_i = \theta_i'$ と仮定することで式 (7) を解くことを考える。この仮定の下では θ_i' の行列 θ' は次の式を解くことによって求めることができる。

$$\theta(I - A)X = C \tag{9}$$

すなわち、C 、X をそれぞれ消費財の総生産量と資本財の総生産量ベクトルとすれば、(7)(8) 式から消費財生産部門と資本財生産部門との総生産量 X_C、X_I を次のように計算できる。

$$\begin{pmatrix} \theta_1 X_1 \\ \vdots \\ \theta_n X_n \end{pmatrix} \equiv X_C = (I - A)^{-1}C \tag{10}$$

$$\begin{pmatrix} (1 - \theta_1)X_1 \\ \vdots \\ (1 - \theta_n)X_n \end{pmatrix} \equiv X_I = (I - A)^{-1}\Delta K \tag{11}$$

2）消費財は中間投入されないとの仮定

Fujimori（1992）は消費財生産部門では中間生産物を生産しないことに着目し、消費財、資本財の総生産量 X と中間生産物、最終生産物との間に次の関係が成立することから議論を始める。すなわち、2 部門に分割したデータで産業連関表を作成するとしたら次の形になることを前提にしている[4]。

$$\begin{pmatrix} X_C \\ X_I \end{pmatrix} = \begin{pmatrix} 0 & 0 \\ A & A \end{pmatrix} \begin{pmatrix} X_C \\ X_I \end{pmatrix} + \begin{pmatrix} C \\ \Delta K \end{pmatrix} \tag{12}$$

---

4 徐（2016）も Fujimori（1992）と同様の手法を採用している。

このケースは (7) 式で $\theta_i' = 0$ となる特殊ケースになっている。この仮定の下では消費財生産部門、資本財生産部門の総生産は次のように求めることができる。

$$\begin{pmatrix} \theta_1 X_1 \\ \vdots \\ \theta_n X_n \end{pmatrix} \equiv X_C \tag{13}$$

$$\begin{pmatrix} (1 - \theta_1)X_1 \\ \vdots \\ (1 - \theta_n)X_n \end{pmatrix} \equiv X_I = (I - A)^{-1}(\Delta K + A X_C) \tag{14}$$

$X = X_C + X_I$ なので、この方法の下では次の式が成立する。

$$\theta_i = \frac{C_i}{\sum_{j=1,\cdots,n}(\alpha_{ij}X_j) + \Delta K_i} \quad i = 1, \cdots, n \tag{15}$$

すなわち、実際の計算では、各セクター i の総生産 X_i を消費財生産部門の生産 $X_{Ci} = C_i$ と資本財生産部門の生産 $X_{Ci} = C_i$ のように計算できる[5]。

3) 比較

いずれの表でも I は資本財生産部門、II は消費財生産部門を示す。表 6-3 の （ ） 内はマルクス経済学での不変資本 C、可変資本 V、剰余価値 m を示している。

5　大西（2016）はこれを用いて、中国の資本財生産部門と消費財生産部門との両部門の生産関数を計測している。

第2部　理論編：マルクス派最適成長論の実証モデルとしての諸改良

表6-2　Kuga（1967）が想定する産業連関表

	中間投入		消費	投資	輸出	輸入	総生産
	I	II					
I	X_{11}	X_{12}	C_1	I_1	E_1	$-M_1$	X_1
II	X_{21}	X_{22}	C_2	I_2	E_2	$-M_2$	X_2
雇用者所得	$Wage_1$	$Wage_2$					
営業余剰	R_1	R_2					
総生産	W_1	W_2					

出所：筆者作成

表6-3　Fujimori（1992）が想定する産業連関表

	中間投入		消費	投資	輸出	輸入	総生産
	I	II					
I	$X_{11}(c_1)$	$X_{12}(c_2)$	0	I	E_1	$-M_1$	X_1
II	0	0	C	0	E_2	$-M_2$	X_2
雇用者所得	$Wage_1(v_1)$	$Wage_2(v_2)$					
営業余剰	$R_1(m_1)$	$R_2(m_2)$					
総生産	W_1	W_2					

出所：筆者作成

　2つの方法では消費財に対する理解が異なっていることが分かる。資本財と消費財とを考える2部門経済成長モデルは最初にマルクスの再生産表式論が提唱した。マルクスは、労働生産物を生産手段（資本財）と生活手段（消費財）の2つに分け、生活手段（すなわち消費財）は直接に個人的消費として使えるもの、生産手段（資本財）は労働過程に入り新たな生産物の形成要素として消耗されるものと定義した。Uzawa（1961）も同様に消費財はすべて消費し、資本財はすべて資本蓄積にまわるモデルを構築している。このような意味での消費財と資本財の区別を忠実に反映している点でFujimori（1992）の手法を採用すべきである。

(4) 輸出入の導入

　ここまで整理してきた方法は、閉鎖経済での総需要を消費、投資それぞれに関わる部分に分割するものである。実際の総需要の中には輸出、輸入も含まれるので、それらをどのように消費財生産部門、資本財生産部門に振り分けるかを考えなければいけない。

1）非競争型産業連関表

　輸入品がどのように需要されているかのデータが利用可能な場合、すなわち表6-4のような非競争型産業連関表を利用できるときには、国内総生産については閉鎖経済と同様の計算をした上で、輸入については産業連関表から消費財生産に関係する部分と資本財生産に関係する部分に分割し、各部門の国内総生産と輸入の合計から差額である輸出部分のデータを作成できる。

　競争輸入型の取引表では、一般に国内、輸入の中間投入のそれぞれについて総生産と線形の関係を仮定する。1単位の総生産物を生み出すのに、固定的な割合で国内財、輸入を中間投入として必要とするということであ

表6-4　非競争輸入型分析モデルの取引基本表

| | | 中間投入 | | | | 国内最終需要 | | 輸出 | 輸入 | 総生産 |
		産業1	産業2	$\cdots$	産業n	消費	投資			
国内	産業1	X^d_{11}	X^d_{12}	$\cdots$	X^d_{1n}	C^d_1	ΔK^d_1	E_1	-	X_1
	産業2	X^d_{21}	X^d_{22}	$\cdots$	X^d_{2n}	C^d_2	ΔK^d_2	E_2	-	X_2
	$\vdots$	$\vdots$	$\vdots$	$\vdots$	$\vdots$	$\vdots$	$\vdots$	$\vdots$	$\vdots$	$\vdots$
	産業n	X^d_{n1}	X^d_{n2}	$\cdots$	X^d_{nn}	C^d_n	ΔK^d_n	E_n	-	X_n
輸入	産業1	X^m_{11}	X^m_{12}	$\cdots$	X^m_{1n}	C^m_1	ΔK^m_1	-	$-M_1$	0
	産業2	X^m_{21}	X^m_{22}	$\cdots$	X^m_{2n}	C^m_2	ΔK^m_2	-	$-M_2$	0
	$\vdots$	$\vdots$	$\vdots$	$\vdots$	$\vdots$	$\vdots$	$\vdots$	$\vdots$	$\vdots$	$\vdots$
	産業n	X^m_{n1}	X^m_{n2}	$\cdots$	X^m_{nn}	C^m_n	ΔK^m_n	-	$-M_n$	0
付加価値		V_1	V_2	$\cdots$	V_n					
総生産		X_1	X_2		X_n					

出所：筆者作成

第2部　理論編：マルクス派最適成長論の実証モデルとしての諸改良

る。すなわち

$$\alpha_{ij}^d = \frac{X_{ij}^d}{X_{ij}}, \quad i,j = 1\cdots,n \tag{16}$$

$$\alpha_{ij}^m = \frac{X_{ij}^m}{X_{ij}}, \quad i,j = 1\cdots,n \tag{17}$$

であり、すべての係数は非負かつ一定と仮定する。

　国内産品の投入係数行列、最終需要ベクトル、総生産額列ベクトルを A^d、X^d、C^d、ΔK^d で表し、輸入産品の投入係数行列、最終需要ベクトル、総生産額列ベクトルを A^m、X^m、C^m、ΔK^m で表し、単位行列を I で表現すれば、

$$A^d X + C^d + \Delta K^d + E = X \tag{18}$$

$$A^m X + C^m + \Delta K^m = M \tag{19}$$

である。ここで(13)式応用すると、

$$X_C = C^d \tag{20}$$

$$X_I = (I - A^d)^{-1}(A^d X_C + \Delta K^d) \tag{21}$$

であり、また輸入のうち消費財生産部門を経由したと解釈できる部分 M_C と資本財生産部門の部分 M_I は、

$$M_C = C^m \tag{22}$$

$$M_I = (I - A^m)^{-1}(A^m M_C + \Delta K^m) \tag{23}$$

となる。

　輸出 E については(20)〜(23)式から次を導くことができる。

$$E_{Ci} = \frac{C_i^d}{C_i^d + A^d X_i + \Delta K_i^d} E_i \quad for\ i = 1,\cdots,n \tag{24}$$

$$E_{Ii} = E_i - E_{Ci} \quad for\ i = 1,\cdots,n \tag{25}$$

132

第 6 章

2）競争型産業連関表

輸出と輸入については全体の額だけが利用可能な場合を考えよう。純輸出 $E-M$ が消費財生産部門、資本財生産部門が $(E-M)_C$、$(E-M)_I$ に分割されるとすると、産業連関表から次の関係が成立する。

$$X_C = C + (E-M)_C \tag{26}$$

$$X_I = (I-A)^{-1}(AX_C + \Delta K + (E-M)_I) \tag{27}$$

ここで、

$$\theta_i = \frac{C_i}{\sum_j \alpha_{ij} X_{ij} + \Delta K_i} = \frac{(E_i - M_i)_C}{(E_i - M_i)_I} \tag{28}$$

を仮定すれば総生産 X の両部門への分割比率は輸出入を考慮しない場合の θ_i と求めることができる[6]。以下では Fujimori（1992）に従って、競争型産業連関表のデータから 2 部門データを作成するときには、この仮定 (28) 式が成立していると考えることにする。

4. データ

産業連関表データの整備は近年になって目覚ましいものがある。中でも World Input-Output Database（WIOD）では中国を含む主要 43 カ国の産業連関表データを相互に比較できる形で整備している。このデータベースの中には

---

[6]　定義から

$$C = C^d + C^m$$
$$\Delta K = \Delta K^d + \Delta K^m$$

なので、

$$A = A^d + A^m$$

が成立するとき、非競争輸入型の産業連関表は競争輸入型の表と一致する。たとえば、国内財、輸入財のそれぞれを一定比率で必要とする技術を想定し、各投入財の輸入比率 m_{ij} が外生であり、

$$\alpha_{ij}^d = (1 - m_{ij})\alpha_{ij}, \quad i,j = 1, \cdots, n$$
$$\alpha_{ij}^m = m_{ij}\alpha_{ij}, \quad i,j = 1, \cdots, n$$

と仮定すると成立する。(29) 式はさらに $m_{ij} = m \ for \ all \ i,j$ と仮定することで成立する。

第2部　理論編：マルクス派最適成長論の実証モデルとしての諸改良

表6-5　セクター分類

1 農林水産業	・Crop and animal production, hunting and related service activities ・Forestry and logging ・Fishing and aquaculture
2 鉱業	・Mining and quarrying
3 製造業1	・Manufacture of food products, beverages and tobacco products ・Manufacture of textiles, wearing apparel and leather products
4 製造業2	・Manufacture of wood and of products of wood and cork, except furniture; manufacture of articles of straw and plaiting materials ・Manufacture of paper and paper products ・Printing and reproduction of recorded media
5 製造業3	・Manufacture of coke and refined petroleum products ・Manufacture of chemicals and chemical products ・Manufacture of basic pharmaceutical products and pharmaceutical preparations ・Manufacture of rubber and plastic products ・Manufacture of other non-metallic mineral products ・Manufacture of basic metals ・Manufacture of fabricated metal products, except machinery and equipment
6 製造業4	・Manufacture of computer, electronic and optical products ・Manufacture of electrical equipment
7 製造業5	・Manufacture of machinery and equipment N.E.C. ・Manufacture of motor vehicles, trailers and semi-trailers ・Manufacture of other transport equipment ・Manufacture of furniture; other manufacturing
8 電気・ガス	・Electricity, gas, steam and air conditioning supply
9 水道	・Water collection, treatment and supply ・Sewerage; waste collection, treatment and disposal activities; materials recovery; remediation activities and other waste management services
10 建設	・Construction
11 卸売	・Wholesale and retail trade and repair of motor vehicles and motorcycles ・Wholesale trade, except of motor vehicles and motorcycles
12 交通	・Land transport and transport via pipelines ・Water transport ・Air transport ・Warehousing and support activities for transportation ・Postal and courier activities
13 住宅	・Accommodation and food service activities
14 通信	・Telecommunications
15 金融・保険	・Computer programming, consultancy and related activities; information service activities ・Insurance, reinsurance and pension funding, except compulsory social security
16 不動産	・Real estate activities
17 サービス	・Legal and accounting activities; activities of head offices; management consultancy activities ・Architectural and engineering activities; technical testing and analysis ・Scientific research and development ・Advertising and market research ・Other professional, scientific and technical activities; veterinary activities ・Administrative and support service activities ・Public administration and defense; compulsory social security ・Education
18 サービス	・Human health and social work activities ・Other service activities

出所：筆者作成

a：The WIOD Socio-economic Accounts(SEA)（2000 年～ 2014 年、56 産
　　業セクター、43 か国）

b：National Input-Output Tables(NIOT)（2000 年～ 2014 年、56 産業セクター）
の 2 つがある。本章ではこの 2 つを利用しながら産業連関表データを 2 部
門に分割する。中国以外にもインド、日本、米国の 3 か国のデータも同
様の方法で加工し、それぞれの国のデータを比較可能にするために The
Penn World Table[7] の物価指数データで各国通貨建てのデータを米ドル表
示での実施値に変換している。具体的には次の手順を踏む。

① SEA から対象国のそれぞれのセクターごとの資本、労働、総生産を
　　抽出する。

② NIOT の使用表から中間投入、最終消費、投資、総生産のデータを
　　抽出する。

③対象国間のデータを比較するため、Penn World Table の物価指数
　　データを用いて、貨幣単位を米ドルでの実質表示に統一する。

④ NIOT データから投入係数A_{ij}を計算する。また、レオンチェフ逆行
　　列である$(I - A)^{-1}$も計算しておく。

⑤ Fujimori（1992）、Kuga（1967）それぞれの手法で 2 部門データを作
　　成する。

⑥セクターの比較をさらに明確するために、表 6-5 に基づき、56 セク
　　ターのデータをさらに 18 セクターに集計する。

5. データが示すこと

(1) 消費財生産部門と資本財生産部門の推移

　図 6-3 は中国（CHN）、インド（IND）、日本（JPN）、米国（USA）に
ついて総生産を資本財生産部門X_I、消費財生産部門X_Cに分割し、時系列
データにしたものである。図 6-3 の上は Kuga（1967）の方法、下の 2 つ
は Fujimori（1992）の方法での非競争型、競争型での結果である。インド、

7　Feenstra and Timmer（2015）

第 2 部 理論編：マルクス派最適成長論の実証モデルとしての諸改良

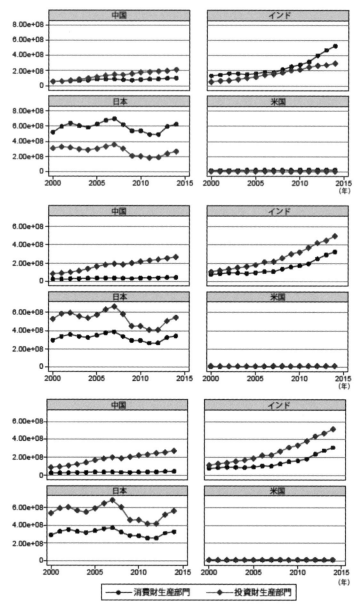

図 6-3　計算結果 1：消費財生産部門及び資本財生産部門生産量
出所：筆者作成

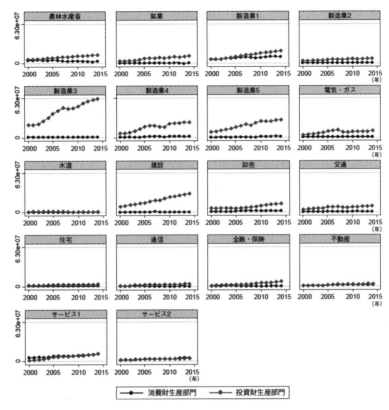

図6-4 計算結果2：18セクターごとの消費財生産部門及び資本財生産部門生産量
出所：筆者作成

　日本、米国の結果からKuga（1967）の方法は消費財生産部門を過大に推計する傾向にあること、それにもかかわらず中国の2000年代については確実に資本財生産部門が消費財生産部門よりも著しく拡大している傾向を読み取ることができる。

　Fujimori（1992）の方法を用いた2つの結果から、米国の消費財生産部門と資本財生産部門はほぼ同じ規模であるのに対して、日本やインドでは中国と同じく資本財生産部門の方が消費財生産部門よりも大きいことがわかる。また、競争型と非競争型とのちがいはほとんどないことも確認できる。少なくともここで見た4か国についてみる限り、非競争型の詳細な

第2部　理論編：マルクス派最適成長論の実証モデルとしての諸改良

データを見ずとも競争型の産業連関表のデータから十分に2部門間のバランスを読み取ることができるのである。

(2) 資本財生産部門拡大の背景

　中国の2000年代の資本財生産部門の拡大をさらにくわしく分析するために、表6-5のように産業連関表データを18セクターに分類し、それぞれのセクターごとの2部門データを作成してみる。

　この18分類にしたがったセクターごとの消費財生産部門、資本財生産部門の総生産をプロットしたのが図6-4である。

　どのセクターでも資本財生産部門が消費財生産部門を上回っている。中でも製造業3（5）と製造業5（7）、建設業（10）における資本財生産部門が大きく消費財生産部門を上回っている。製造業3は重工業部門である。これらの産業で資本財生産部門が大きいことはごく自然であるが、近年にその差が拡大していることは資本財生産部門の過剰を示唆しているものと解釈できる。

　中国の2000年代は重工業、建設業での投資過剰が拡大しつつあることで、経済全体でも資本財生産部門の肥大化がすすんでいる。

6. おわりに

　本章では中国の2000年代に資本財生産部門の肥大化があったとの主張を分析するためのデータ整備をした。2部門モデルの作成はFujimori（1992）の方法によるべきである。そのことを示すために、先行研究を展望しながらそれぞれの特徴を整理した上で、資本財生産部門と消費財生産部門との2部門に分割する考えにもっとも忠実なのはFujimori（1992）の方法であることを示した。また、中国以外の3か国（インド、日本、米国）についても同様のデータを作成することで、Fujimori（1992）とKuga（1967）とで異なる判断をする可能性もあること示した。このことは実用上もFujimori（1992）の手法で2部門モデルを用いるべきであることを示している。

第３部

実証編：アジアにおける成長段階のバリエーション
──低成長、中成長、そして高成長──

第3部導入：アジアにおける成長段階のバリエーション

——低成長、中成長、そして高成長——

　これまで、本書では経済成長に関する理論を扱ってきた。そこで得られた知見は、経済成長には一定の法則性が存在し、理論上はいずれの国の経済も高成長、中成長、低成長へと段階的に推移していくというものであった。

　第3部ではこの理論を実際に用いてアジア経済の現状分析および今後の推計をおこなう。これによって、各国における労働と資本の最適分配率や、次の成長段階に入るタイミング、あるいは理論上実現可能な経済力の上限などを明らかにする。こうした作業は単に経済成長を促すための政策を提言するだけではなく、経済発展の鈍化をアプリオリなものと認めつつ、いつ、いかにしてそれを準備するかといったより現代的な問題を考えることにもつながる。

　具体的に扱う国は韓国・中国・インドの3か国である。これらの国々はそれぞれがアジアにおいて一定のプレゼンスを有しており、かつその発展段階が異なっている。表3-0は現在に至るまでの各国の成長段階[1]と開発戦略をまとめたものだ。韓国の場合は、1961 〜 1996 年が高成長期であり、アジア通貨危機に見舞われた 1997 年から中成長期に移行した。そして、2000 年代に入って経済成長はさらに鈍化。経済の低成長期に突入した。中国の場合は、1978 年の改革開放をきっかけに高成長段階に突入し、2011 年以降経済成長が鈍化し始め、中成長期に移行した。インドの場合は紆余曲折を経て 2000 年代に入ってようやく、高成長期に入り、その頭角をあらわす。このように、高成長段階への移行に際して、中国は韓国と比べて 18 年ほど遅れ、インドは中国と比べて 30 年ほど遅れている。

1　経済成長段階は、経済成長率を含めた各国の経済状況、および先行研究を参考にしながら区分している。詳しい内容は本文を参照してください。

こうした発展段階の違いに応じて、各国が直面する課題も異なっている。

韓国はアジアにおいては日本についで先進国の仲間入りをしたものの、近年は経済成長の鈍化に苦しんでいる。これは韓国がすでに低成長の段階に突入しているためだが、投資財と消費財への労働と資本の配分率を最適化することで、そのポテンシャルを十分に発揮できる余地がある。この点について政策的提言も含めて論じてみたい。

経済成長の減速が近年よく取り沙汰される中国は、現在、長期にわたる高成長段階を終えて、中成長段階にある代表的な国家である。中国経済は今後どこまで成長し、いつ低成長段階に入っていくのか。この問いに答えることは、中国のような大国がいかにして経済のソフトランディングをはかるかを考える上で重要な意義を持っている。

高成長により日増しに存在感を増しつつあるインドだが、これまでは中国や韓国ほどの高成長を成し遂げられていない。その原因はどこにあり、今後、成長軌道に本当に乗っていくことができるのか。この点について、本書の理論とデータを照らし合わせながら論じてみたい。

第3部　実証編：アジアにおける成長段階のバリエーション

表 3-0　経済成長段階、要因などの比較（韓国、中国、インド）

		1950 年代	1960 年代	1970 年代	1980 年代	1990 年代	2000 年代	2010 年代
韓国	段階	戦後復興 1947 ～ 1961	高成長期 1961 ～ 1996				中成長期 1997 ～ 2010	低成長期 2011 以降
	対外政策	輸入代替 ＊援助依存型	輸出志向					
	リード産業	第 1 次産業	第 2 ＆ 3 次産業		第 2 次産業		第 3 次産業	
	最大駆動力 需要面		消費	投資	消費		輸出	消費（政府消費）
	最大駆動力 生産要素面		資本 ＊ 2015 年以降、技術進歩の寄与率が急拡大					

		1950 年代	1960 年代	1970 年代	1980 年代	1990 年代	2000 年代	2010 年代
中国	段階	戦後復興期 1949 ～ 1977			高成長期 1978 ～ 2010			中成長期 2011 以降
	貿易政策	輸入代替 ＊ソ連に限定	閉鎖保護	輸入代替	二重貿易体制 輸入制限をかけながら、 輸出志向を促進		輸出志向	
	リード産業	第 1 次産業		第 2 次産業 （軽工業・紡織業→電器・機械の組み立てを中心とした 製造業→電子通信及び自動車その他輸送機械製造業）				第 3 次産業
	最大駆動力 需要面			最終消費			投資	最終消費
	最大駆動力 生産要素面			資本	技術進歩＆ 資本	技術進歩＆ 資本	資本	

第 3 部導入

		1950 年代	1960 年代	1970 年代	1980 年代	1990 年代	2000 年代	2010 年代
インド	段階	戦後復興期 1947 〜 1980			経済改革期 1981 〜 2000		高度成長 2001 以降	
	対外政策	輸入代替			輸入制限をかけながら、輸出志向を促進		輸出志向 [2]	
	リード産業	第 1 次産業			第 3 次産業			
	最大駆動力 需要面	最終消費 （民間消費）					最終消費 （民間消費） * 2003 〜 2007 年の間は投資	
	最大駆動力 生産要素面	労働			労働		技術進歩 ＆資本	資本

出所：筆者作成

2　絵所・佐藤（2014）によると、インドは「2005 年経済特区法」と「2006 年経済特区規則」
の制定をきっかけに本格的輸出志向工業化に踏み出した。

143

第7章　韓国経済

——停滞の処方箋

1. はじめに

　20世紀の後半から、アジアは高成長を記録し、世界の成長センターと呼ばれるようになった。特に、1950年代後半からの日本の高度経済成長期のあとを追うようにして、60年代後半から高いプレゼンスを示しはじめたNIEs（新興経済工業群）の姿は目立っていた。1993年、世界銀行が「東アジアの奇跡」と賛美したことをきっかけに、東アジア発展モデルを探求する熱意が世界中で盛り上がりを見せた。しかし、2000年代以降、発展の先駆者であった日本の経済が「停滞」をはじめ、NIEs諸国も次から次へと「停滞」に陥る。例えば、本章で取りあげるNIEsの中で最も人口の大きな韓国も、1962〜1996年、およそ40年間高度経済成長をつづけていたものの、アジア通貨危機に見舞われた1997年から中成長期に移行し、さらに2000年代に入って経済成長はさらに鈍化。経済の低成長期に突入した。こうした過程の裏にはどのようなメカニズムが働いていたのだろうか。また、「低成長期」に突入した国々はその事態にどう向き合うべきなのだろうか？　本章は、韓国に焦点を当て、その答えを探ってみたい。

　本章では、まず第2次世界大戦後（1945〜2019年）の韓国経済の変遷を「戦後復興期→高成長期→中成長期→低成長期」という流れに従って概観する。その上で、現在に至る韓国経済の成長パターンの変容と要因を分析しながら、今後の韓国経済のあり方について考察を試みる。ここでは、経済成長を図るために不可欠である産業構造の転換に焦点をあて、とくに、消費財生産部門・資本財生産部門の2部門がどのような比率で生産される

ことが望ましいかについて、技術進歩率及び人口成長率を考慮したマルクス派最適成長モデルを用いて試算をおこなう。

2. 韓国経済の歩み [1]

大韓民国は、戦後日本の植民地支配からの離脱を経て、1948 年に成立した。戦争で疲弊したことで、建国当初の韓国は世界の最貧農業国の 1 つであった。こうした状態から世界先進国の 1 つにまで登りつめた韓国の成長過程は、図 7-1 のように確認できる。

以下では、図 7-1 に基づき、1945 年から 2019 年までの 74 年にわたる経済発展過程を、戦後復興期（1945 〜 1961）、高成長期（1962 〜 1996）、中成長期（1997 〜 2010）、低成長期（2011 〜）の 4 つに区分して経済政策及び基本マクロ経済指標について考察する。

(1) 戦後復興期（1945 〜 1961）

1945 年から 1961 年までの韓国経済は朝鮮戦争を節目としてさらに 2 つの時期に分けて考察することができる。

第 2 次大戦と朝鮮戦争勃発までの期間（1945 〜 1950）は南北分断の中、電力不足などによって工場の稼働率が低かったため、韓国国内は深刻な品不足及びインフレに陥っていた。こうした経済状況から抜け出すため、韓国政府は日本人が残した資産を取り上げ、経済開発の資本を確保する。また、これと並行して農地改革を推し進めた。それによって、国民の生活が改善し、国内市場もやや安定化した。

しかし、1950 年に朝鮮戦争が勃発し、韓国は巨大な人的、物的損害を受け、経済は潰滅的な打撃をこうむった。朝鮮戦争後（1954 〜 1961）、韓国は、社会主義諸国の進出を阻止する「反共の防波堤」として、アメリカから無償支援を受けながら、経済復興を図ることとなる。朝鮮戦争後から

1　本章における韓国経済成長過程に関する記述は、井上（2004）、野副（2009）などを参照しながらまとめたものである。

第3部 実証編：アジアにおける成長段階のバリエーション

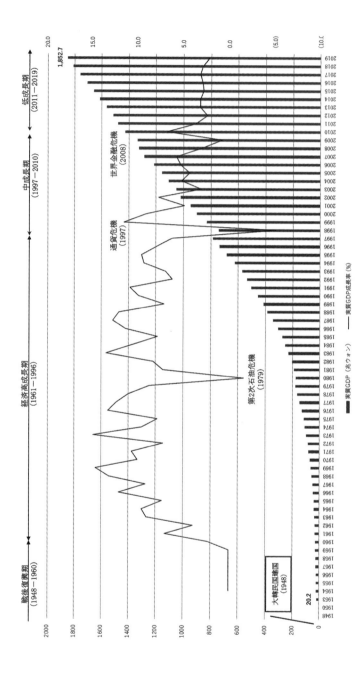

図7-1 韓国経済成長率の推移
出所：韓国統計庁，国家統計ポータル (http://kosis.kr/) の公表データを基に筆者作成

146

1961 年まで、アメリカから受けた援助の総額は 30 億ドルを上回っている。これらの援助は、当時韓国経済の復興が直面していた資本蓄積不足、ならびに食糧不足などの課題の解決に貢献した。なお、アメリカの対韓支援の大部分は農産物や原料、半製品であった。こうした援助物資を加工し、国内市場向けに供給・販売する輸入代替工業が発展し、「三白景気」（いわゆる、製粉業、製糖業、綿工業が著しく成長）をもたらした。

　このように、日本人が残した資産及びアメリカからの経済援助は、資本の原始的蓄積として戦後資本主義の生成を支えてきたのである。

　この期間の基本経済指標の変化により、支出面から見る GDP 構成で、高い消費／GDP 比と低い投資／GDP 比、および高い輸入／GDP 比と低い輸出比／GDP がその期間の特徴である。国内消費によって支えられる「輸入代替工業化」が進められていた結果である。ただし、1961 年の産業構成比では第 1 次産業の 39.4％に対して第 2 次産業は 14.9％に過ぎなかったことにより、この時期において工業化の水準が未だ低かったことは明らかである。

　しかし、援助資金の消費財生産産業への傾斜により基幹産業を含む他の育成ができなかった。また後にアメリカ国際収支の悪化により援助額が削減され、韓国国内における設備投資および生産の過剰が顕著したことが相まって、1953 年から 1961 年の間、1 人当たり実質 GDP は約 1.5 倍までに成長したが、見るべき成果が現れなかった。さらに、こうした一連の経済課題に伴うのは、腐敗政治およびそれによる民衆の不満であり、このことが 1961 年 5 月の軍事クーデターに繋がった。

(2) 高成長期（1961 ～ 1996）

　1960 年代に入ってから韓国政府は輸出志向型の経済発展計画を進め、1996 年まで年率 8.45％の成長率で、世界に例を見ないほど急速な経済成長を成し遂げた。以下では、政権および 5 カ年計画（表 7-1）を基に、高度経済成長期（1961 ～ 1996）の韓国経済について、前期、中期、後期に分けて考察を行う。

　前期－朴正熙政権時代（1961 ～ 79）：経済回復に際して、朴正熙政権は

第3部　実証編：アジアにおける成長段階のバリエーション

表7-1　韓国の経済開発5カ年計画の主な目標、政策及び実績

	主な基本目標	主要な工業化政策	実績
第1次 (1962 ～ 1966)	経済的・社会的悪循環の是正 自立経済基礎の構築	工業化基盤の形成	8.5%
第2次 (1967 ～ 1971)	産業構造の現代化 自立経済の基礎の構築	外向き開発政策	9.7%
第3次 (1972 ～ 1976)	安定と均衡ある成長 自立経済の実現、地域開発	重化学工業化	10.1%
第4次 (1977 ～ 1981)	成長・平等・効率 持続経済成長のための産業構造変革、技術革新	技術集約的産業の開発	5.5%
第5次 (1982 ～ 1986)	安定・効率・均衡 福祉の向上、雇用の確保	先進国経済段階への産業基盤の形成	8.5%
第6次 (1987 ～ 1991)	福祉社会実現の基盤形成	先進経済化	8.4%
第7次 (1992 ～ 1996)	産業の競争力の強化	先進経済化	8.5%

出所：井上（2004）及び韓国第1～7次5カ年計画より筆者作成

輸出志向型成長と政府主導型という特徴を織り込んだ経済開発（発展）5カ年年計画を打ち出した。朴正熙政権が発足した当時の韓国は、「典型的な農業国家であり後進国であった」[2]。また、前述したように、1960年までの韓国経済は「援助経済」であり、国内産業の裾野はまだ整っていなかった。そこで、朴正熙政権は、自足経済の達成を第1次、第2次5カ年計画の目標とし、その実現に向けて工業化基盤の形成に重点を置いたのである。この過程で、朴正熙政権は「外資導入を含めた金融政策を梃子」[3]に、軽工業を中心とした産業振興を図る。同時に、輸入を制限し、輸出を推進することで、従来の輸入代替型工業化を輸出志向型工業化に切り替える。その結果、第1次、第2次5カ年計画実施後の1971年、実質GDPは1961年の約3倍にまで増加した。こうして「経済の離陸」が達成される。1972年に朴正熙政権は、「均衡ある成長と均衡ある経済」「自立経済の実現」を基本目標とした第3次5カ年計画を発表した。それらの目標の実現にむけ

2　井上（2004）

3　野副（2009）

て、朴正煕政権は農業や農村を活性化するセマウル運動および重化学工業化政策を打ち出した。この一連の政策により、第3次計画期に韓国経済は年平均10.1％の成長を果たし、「漢江の奇跡」とも呼ばれる高成長が達成された。さらに、1977年、経済に占める第2次産業の割合（25.1％）が第1次産業（24.3％）を上回り、目標としていた「工業化」が実現されたのである。しかし、経済の高度成長が実現された反面、格差の拡大、インフレ率の昂進、過剰投資などの課題も見過ごせない。そこで、第4次5カ年計画の目標は経済成長に加えて「平等」及び「効率」が掲げられた。にもかかわらず、1979年の第2次石油危機が韓国経済を直撃したことで、これらの課題は一層顕著なものとなった。その結果、経済・社会・政治不安が高まり、1979年に10.26政変（朴正煕暗殺事件）にまで至った。

　中期−全斗煥政権時代（1980〜86）：朴正煕政権に代わって登場したのは、全斗煥政権である。経済の混乱の中で発足した全斗煥政権は「どんな対価を支払っても安定」という経済安定化路線を取る。1982年に全斗煥政権は第5次5カ年計画[4]を発表した。第5次5カ年計画は効率（産業構造の転換）、均衡（国際収支、国土発展の均衡）、安定（所得格差の是正や国民福祉の向上）を基本目標とした。全斗煥政権で見逃せない改革の1つは「民間主導経済への転換」であり、従来政府主導で推進されてきた工業化を民間主導でおこなうことである。この時期、世界経済の減速と先進国の保護貿易により、これまで韓国経済を支えてきた輸出が不振に陥ったため経済成長も鈍化した。韓国経済を停滞から救い出したのは1985年のプラザ合意の締結である。プラザ合意の後、円高ドル安に伴い、won安が進む。これに加えて、同時に進んでいた原油安と国際金利安が追い風となって韓国の輸出を急増させた。これにより、韓国経済は戦後はじめての貿易黒字を達成し、1986年に実質で11.3％の経済成長率を記録した。また、1986年に、経済全体に占める第1次、第2次、第3次産業の割合はそれぞれ、11.6％、29.4.3％、55％で、工業化が進み、先進国経済段階への産

4　正式名称は「経済社会開発5カ年計画」から「経済社会発展5カ年計画」に変更された。

業基盤の形成が果たされたと考えられる。

　後期－盧泰愚政権時代（1988 ～ 93）、金泳三（文民政権）時代（1993
～ 98）：高成長期後期は日ごとに高まる国民の民主化要求にこたえられる
経済体制を模索する時期として位置づけることができる。盧泰愚政権は第
6次計画期を考案し、「民主化と市場開放」を打ち出し、先進福祉社会の
実現の基盤の形成および民族の団結がその基本目標に置かれている。その
実現に向けて、マクロ面において輸出の依存度を下げること、および産業
面における技術集約産業への転換を通じて産業の付加価値を高めることが
図られた。また、1993 年にスタートした金泳三（文民政権）は政府主導
による経済発展戦略を韓国経済が直面する課題の根本的な原因に置き、先
進経済化へのシフトおよび民族団結を基本目標とした「新経済5カ年計
画」を打ち立てた。そのもとになるのは、国民による自発的な経済への参
加とイノベーションが経済発展の推進力であるとの考え方である。

　このように、この時期の経済発展は、従来の「量的拡大」による経済成
長から一変した「質的改善」に特徴づけられると考えられる。第6次計画
および第7次計画期間中、それぞれの平均実質経済成長率はともに8％
を超える。さらに、この過程で、1988 年にはソウルオリンピック開催と
IMF8 条国入りが果たされ、1996 年には OECD 加盟国となり、韓国経済
は高度経済成長期の果実が次々に実を結んでいく。

　高成長期において、韓国は高い経済成長率を維持し、1人当たり GDP
は実質6倍程度に増加した。また、1961 年までと比べると、消費／ GDP
比は高くなる一方、投資／ GDP 比が高くなってきている。輸入／ GDP
比は低下している代わりに、輸出比／ GDP は上昇した。この期間に、経
済政策の実施にあたって投資と輸出に重点が置かれたからである。また、
高成長期終わりの 1996 年、経済全体に占める第1次、第2次、第3次産
業の割合はそれぞれ、5.5％、27.6％、66.9％となり、工業化政策のもとで
産業構造の高度化が進められていることが分かる。

(3) 中成長期（1997 ～ 2010）

　アジア通貨危機に見舞われた 1997 年、韓国経済の高成長期が終わり、中成長期へと移行した。1997 年から 2010 年までの韓国経済は、経済危機とそれに伴う経済改革によって特徴づけられる。1997 年のアジア通貨危機の結果、1998 年の韓国実質経済成長率はマイナス 5.5％に低下した。大企業の破綻が相次ぎ、深刻な信用不安が広がり、それはまた急激な won 安を招いた。won 安により外貨が急速に流出することで外貨の不足問題が顕著になる。韓国政府は 1997 年 11 月 21 日、国際通貨基金（IMF）に緊急融資を申請し、総額 583 億 5 千万ドルの緊急支援を受けることとなった。この資金支援と引き変えに韓国は 1998 年から IMF 管理のもとで構造調整を行うことになる。その最中に登場した金大中政権（1998 ～ 2003）は、IMF の改革要請を受けながら、金融改革、企業（財閥）構造改革、公共部門改革、労働改革の四大改革にメスを振る。具体的には、金融改革として銀行の合併・統合、ペイオフ解禁が推進されたこと、財閥改革としてビッグディール政策を通じての再編が促進されたこと、公共部門改革としては公企業の民営化や構造調整が進められたこと、最後に労働改革として派遣労働制度が導入されたことが挙げられる。こうした一連の改革により、1999 年には 11.5％、2000 年には 9.1％の経済成長率を達成し、また 2001 年 8 月には借入総額を返済し、急速な経済回復を果たした。また、この過程で韓国経済は政府主導の経済から市場経済へと移行していく。大津（2013）は、危機後の韓国経済体制について「新自由主義やアングロサクソン型資本主義に強く包摂された市場経済重視の経済構造に変容[5]」したと指摘している。

　金大中政権の後に登場したのは盧武鉉政権（2003 ～ 2008）である。盧武鉉政権は、「社会統合、分配、政府の介入」に軸足をおき、「成長のための分配」を理念として経済政策を考案した。具体的には、財閥の改革に本腰を入れて取り組むことや、「庶民経済安定化策」の一環として不動産価格を安定化することおよび低所得者への救済、雇用環境の整備などが図ら

5　大津（2013）

れた。その結果、盧武鉉政権の5年間、韓国実質成長率は平均4.7％を維持してきた。

　2008年には李明博政権が発足し、「韓国747」という経済計画を打ち出した。毎年平均7％の経済成長、一人当たり4万ドルの国民所得、そして世界の7大経済大国入りを成し遂げようと計画した。ところが、李明博政権が発足して間もなく、リーマン・ショックによる世界金融危機が起こった。世界金融危機により、株価が下落し、急激なwon安が進み、2009年の実質経済成長率は0.8％まで減速。それに対応して、李明博政権は迅速で果敢な財政出動、金融政策を実施し、その結果、2010年実施経済成長率は6.8％にまで持ち直し、OECD諸国の中では最も早く回復したとも評価された。

　このように、1997年から2010年までの韓国経済は、二度の金融経済危機を経験し、そのたびに経済成長は減速したものの、1997年から2010年まで韓国平均実質経済成長率は平均4.7％をかろうじて維持してきた。この時期は韓国経済が長年続けてきた高成長を終えて、中成長期へとソフトランディングしたと位置づけられる。この時期において、輸出／GDPおよび輸入／GDPの比率は上昇し、輸出と輸入（主に外国資本や中間財）への依存がともに高いことが確認できる。ただし、これらは成長の源になるとともに、不安定性要因ともなっている。

(4) 低成長（2011～）

　2010年代に入ってからは経済成長率の低下が顕著になった。安倍（2017）は通貨危機以降の内需の鈍化と2010年代前半の輸出の大幅減速により、韓国は低成長にいたったと指摘している。この背景の下で成立した朴槿恵政権（2013～2017）は、低成長から抜け出すため、科学技術とIT産業を軸にした「創造経済」と「経済民主化」を打ち出した。後者は、財閥改革を柱とした「公正な市場秩序構築」と「中小企業の育成」の二つを軸に進められた。これをもとに、朴槿恵政権は雇用の拡大、中小企業支援、財閥規制、福祉制度改革、家計負債問題への対応、少子化対策など幅広い政策を講じた。しかし、こうした一連の経済活性化政策は効果を出せ

ず、朴槿恵政権期間における韓国の実質経済成長率は3％前後で推移する。

2017年5月に発足した文在寅政権は、「公正経済」と「革新成長」など前政権を踏襲するような政策以外に所得主導成長という新たな経済政策を打ち出した。労働所得の引き上げは需要面における消費支出の増加に繋がるとともに、労働生産性を上昇させ、供給面でも経済を成長させることが可能になると考えたからである。その中心的な政策となったのが、最低賃金の引き上げである。しかし、企業は最低賃金の引き上げを受けて生産コストを削減するために、雇用者数を削減する方向に動きだす。想定された効果は得られず、実質GDP成長率に焦点をあてると、2017年は3.2％、2018年は2.9％、2019年は2％と景気の減速が止まらない。

以上のように、この期間において、各政権は経済成長減速を抑えるため、技術革新や内需拡大など新たな経済成長のエンジンを模索し続けた。それにもかかわらず、2011年から2019年の期間において、韓国経済の平均成長率は2.9％まで衰退して、低成長期に入っている。

3. 韓国経済成長パターン変化および課題

前節では、韓国の経済成長を戦後復興期、高成長期、中成長期、低成長期の4つの時期に区分して、経済政策及び基本マクロ経済指標に基づいて1945年から2019年までの74年にわたる経済発展過程を考察した。これらを踏まえたうえで、本節では、主に成長パターンの変容に焦点をあてて、高成長期以降の韓国経済を分析する。

(1) 産業面から見る経済成長パターンの変化

韓国では、工業化が促進された結果、1977年には経済に占める第2次産業の割合が第1次産業を上回り、「第3次産業、第2次産業、第1次産業」の順位で産業が構成されることとなった。図7-2は、1961年から2019年における実質GDP成長率に対する産業別の寄与率を表したものである。図7-2から確認できるように、第1次産業の経済成長への寄与率は、戦後復興期に高い数字を示しているが、高成長期に入って以降、低迷し続けて

第3部　実証編：アジアにおける成長段階のバリエーション

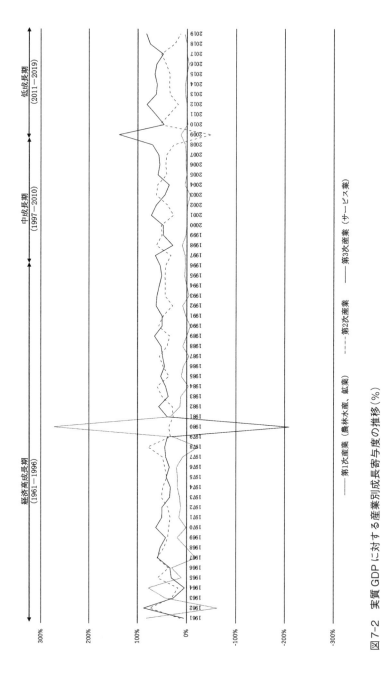

図7-2　実質GDPに対する産業別成長寄与度の推移（％）
出所：韓国統計庁，国家統計ポータル（http://kosis.kr）の公表データを基に筆者作成

いる。一方、第２次、第３次産業の寄与率はともに概して横ばい状態にありながら、主軸としての役割を交互に担いながら経済成長を支えている。中成長期に入ってからは、とりわけ2003年以降、第２次産業の寄与率が縮小する中、第３次産業との差は拡大傾向にある。このように、中成長期に入ってからは、第３次産業が経済成長の最大の駆動力としての位置が確立されつつある。低成長期においても引き続き、第３次産業は経済を牽引する役割を果たしている。このように、その経済発展とともに、概ね第１次産業から第２次産業へ、さらには第３次産業へと、産業の軸が変化してきたが、とりわけ韓国においては、第３次産業が終始高いパフォーマンスを示しているのが特徴である。

(2) 需要サイドから見る経済成長パターンの変化

図7-3から確認できるように、高成長期には、最終消費と投資が交互に経済成長を下支えしているように見えるが、概ね最終消費が中心となっている時期が多い。外需を表す純輸出については、70年代までは浮き沈みが激しく、不安定だったが、80年代以降は大きくマイナスに振れることがなくなり、寄与率は小さいながらも、経済成長にプラスに働くことが多くなった。ここから分かる通り、投資と最終消費によって構成された内需が高成長の原動力の中核をなしている。なお、井上（2004）は、1970年以降、投資の財源が外国資本から国内資本に移ったことで、自立型の成長へ移行したとも指摘している。

中成長期に入ってから、最終消費の寄与率は概して横ばい状態にあるが、縮小して首位の座を明け渡す時期もあった。かわって徐々に台頭しつつあったのが純輸出である。この時期、投資の寄与率が低下したのに対して、純輸出の寄与率は相対的に好調である。ただし、低成長に入って以降は、投資と純輸出の成長への貢献は不安定で、やや上昇傾向にある最終消費が主に最大の駆動力として経済成長を下支えした。なお、この時期の内需の構成に焦点を当てると、投資の対GDP比率は成長につれて低下していたものの、まだ３割前後あり、先進国である米国（USA）の平均21.31％に比べてやや高い。高成長期において政府主導のもとで進められた投資頼み

第3部 実証編：アジアにおける成長段階のバリエーション

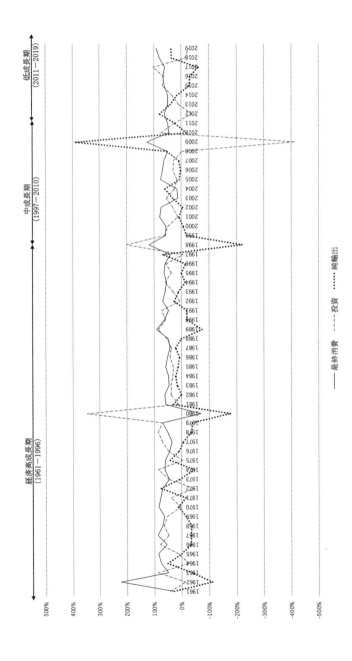

図7-3 需要面からみるGDP成長率の要因分解（1961〜2019年）
出所：韓国統計庁，国家統計ポータル（http://kosis.kr/）の公表データを基に筆者作成

第7章

表7-2 需要面からみる各項目の平均成長率、比重及び相対寄与度（％）

| | | 最終消費 | | 投資 | 輸出入 | |
		民間消費	政府消費		輸出	輸入
寄与度	高成長期	5.1	0.6	4.0	3.3	-3.7
	中成長期	1.9	0.6	0.9	3.8	-2.3
	低成長	1.2	0.7	0.8	1.9	-1.6
シェア	高成長期	64.3	10.5	27.7	20.5	25.2
	中成長期	52.9	12.5	31.1	36.6	34.1
	低成長	49.3	15.4	29.8	45.7	41.4
相対寄与度	高成長期	0.9	0.7	1.6	1.8	1.6
	中成長期	0.7	1.0	0.6	2.1	1.4
	低成長	0.8	1.5	1.0	1.4	1.3

（注）相対寄与度は、寄与率を比重で割って計算されたもので、比重に見合う寄与の場合は１を上回る。
出所：韓国統計庁、国家統計ポータル（http://kosis.kr/）の公表データを基に筆者作成

の成長がもたらした後遺症が浮き彫りになっていると言えよう。

　表7-2では、高成長期、中成長期、低成長期における最終需要をより詳細に分けてその相対的寄与度、すなわち、比重に見合う寄与ができているかについても考察する。表7-2の相対的寄与度を見れば、高成長期においては、投資及び輸出入の相対寄与率は１を超え、比重に相応した貢献をしている。高成長期における投資及び輸出のパフォーマンスの高さが確認できる。中成長期に入って、投資、民間消費の相対的寄与度は縮小した一方政府消費及び輸出入は１を超え、とりわけ輸出の方は２を超える非常に高いパフォーマンスを示している。また、この時期の輸出の寄与度だけに焦点を当てると、最終消費をも上回ることが確認できた。このように、輸出志向型成長構造は中成長期においてさらに強化され、それにより２度の経済危機に見舞われた際にも経済成長率の低下を食い止める一因となったのではないかと考えられる。低成長期以降は、輸出入の比重は上昇したものの、その伸び率と相対的寄与度はともに低下しており、輸出の効き目が弱くなっていることが分かる。一方、政府消費率の伸びは顕著で、全体に占

157

める比重は小さいものの、その相対的寄与度は最も高い。このように、低成長期においては、政府による財政出動などが景気を下支えしている。

ここまでの話をまとめると、需要面からみる韓国の経済成長の主軸は、高成長期から低成長期にいたるまで、次のように変化してきた。高成長期には、最終消費と投資が交互に経済成長を下支えし、中成長期には最終消費ならびに輸出が成長を牽引していた。そして低成長期には最終消費、とりわけ政府消費が成長の中心となっている。

(3) 供給サイドから見る経済成長パターンの変化

供給サイドから見る経済成長の原動力は、労働・資本ストック・技術進歩の3つである。

図7-4は、1970年から2019年における実質GDP成長率について、労働、資本、全要素生産性の各生産要素の寄与率を表したものである。資本の寄与度は経済成長率1975～80年代にピークである85％から一時減少したが、全期間を通じて50％台を維持している。ここからは資本投下が一貫

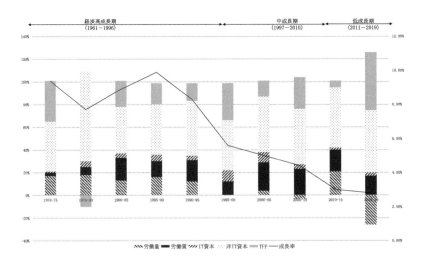

図7-4　生産要素の寄与率
出所：アジア生産性機構（APO）*APO Productivity Databook 2021* より筆者作成

して韓国経済の成長の主な原動力となっていることが読み取れる。そのうちわけとしては、非ICT資本の寄与度が最も高く、経済活性化にあたって公共事業投資が重要な役割を果たしたことは明らかである。一方、労働投下の寄与度については、高成長期には高い水準を示したものの、経済成長の減速に伴って減少していく。労働質と労働量に分割してそれぞれ寄与度をみると、労働量の寄与度は減っている傾向にあり、少子化・高齢化によって就業者数が減少し、マイナスに転じている時期もある。2015年を境に、「人口ボーナス」から「人口オーナス」へ転換したことが確認できる。一方、労働質の寄与度は高成長期より中成長期以降の方が高い。高成長に伴う労働質の改善、そして労働人口の減少に伴う労働コストの増加がもたらした労働生産性の上昇が経済成長を牽引していたためと考えられる。最後に、全要素生産性については、高成長期においては労働寄与度より低かったものの、中成長にはいってからは労働寄与度を上回っている。ただし、その伸び率は労働投下、特に資本投下と比べると相対的に小さい。

　以上のように、韓国は、高成長期において資本及び労働投下を中心とする要素投入型成長から資本および技術進歩による全要素生産性への成長に転換してきたことが確認できる。こうした経済成長のパターンは「経済発展の初期段階には資本、労働を中心とする要素投入型成長，後段階には技術進歩による全要素生産性型成長」という一般的なパターンとやや異なる。

4. 今後の成長に向けて

　前節の分析により、2010年以降、韓国経済が低成長に入り、成長パターンも大きく変化したことが分かった。供給サイドにおける生産要素の経済成長への寄与度を見れば、低成長に入っているにもかかわらず、安定成長へとソフトランディングした先進国とは異なり、韓国の場合は資本投入を中心とする要素投入型成長が依然として経済成長を下支えしていることが分かる。

　需要面から見ると、2008年以降の先進国の経済衰退および中国をはじめとする発展途上国のグローバル化により、従来韓国経済の成長に寄与し

第3部 実証編：アジアにおける成長段階のバリエーション

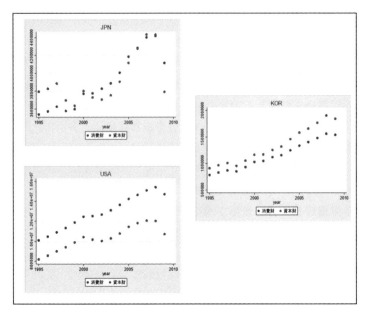

図7-5　消費財生産部門と資本財生産部門の総生産の比較（日本、アメリカ、韓国）
出所：筆者作成

ていた輸出拡大を通じた外向的成長は頭打ちとなる。内需に目を向ければ、民間消費の低迷が顕著になったことに加え、投資の対GDP比重が3割前後と他国に比較して高い水準が続いたものの、相対的寄与度は減少し、パフォーマンスは低下している。

　以上のような状況を踏まえて、韓国経済の課題を克服し、今後の成長につながる経済政策について考察してみたい。前述のように、低成長に入って以後、韓国経済がはらむ問題を解決するためにいくつかのアプローチが試みられてきた。朴槿恵政権時代には技術革新を通じた成長を目指す「創造経済」が打ち出されたが、安倍（2020）が述べているように「キャッチアップ型経済から創造型経済への転換は一朝一夕で成し遂げられるものではない」ため、目に見える成果は上がっていない。また、文在寅政権時代の「所得主導型成長」は、消費の拡大を通じた経済活性化、いわゆる内需主導型成長を図ろうとしたが、主とする最低賃金の引き上げは企業側によ

る労働者の削減という結果を招き、成長にはつながらなかった。

　こうした政策の問題点は需要面や供給面といった個々のサイドを注視するあまり、それらの関係性を見落としている点にある。そこで、以下では経済成長にあたって投資への偏重に焦点をあてながら、マルクス派最適成長モデルを用いて分析、および提言をおこなってみたい。韓国における投資に偏重した経済成長は、固定資産や生産能力の過剰という深刻な副作用を表面化[6]させつつあり、それが経済成長鈍化の原因でもある。成瀬（2018）はこうした状況を解決するためには、「当座の景気減速を受け入れて、過剰投資の調整を図り、長期的に受けるマイナス影響を小さくする」必要があると述べる。マルクス派最適成長モデルは、こうしたマクロ上における投資過剰問題をより具体的に産業面の投資財と消費財のアンバランスとしてとらえることで、政策に対するより具体性のあるインプリケーションを与えてくれるはずである。なお、以下の分析は筆者自身が李と柳（2018）で用いたデータと分析手法を参照するものである。まず、アメリカ、日本、韓国、3か国の消費財生産部門と資本財生産部門の割合を確認する。李と柳（2018）で用いたデータを参照して作成した図7-6から見れば、同じ先進国である日本とアメリカと比べると、韓国では、消費財より生産財が全体に占める非常は多いことが分かる。マクロ上における投資過剰問題は産業面の投資財と消費財のアンバランスとして表している。

　同じ先進国である日本とアメリカの労働・資本のそれぞれの消費財生産部門と資本財生産部門の配分率を比較してみたい。図7-7は2000年から2014年まで韓国、日本、アメリカのそれぞれの資本と労働の消費財生産部門への配分率である。

　図7-6が示した通り、労働と資本の消費財生産部門への配分率について、日本は資本が0.8台、労働が0.7台、アメリカは資本と労働とも0.8台を超える水準を維持している。一方、韓国の場合、資本と労働の消費財への配分率は0.6前後であり、韓国経済においては資本と労働の消費財生産部門への配分率がやや小さいことがわかる。それは、資本財への配分率が多

6　成瀬（2018）

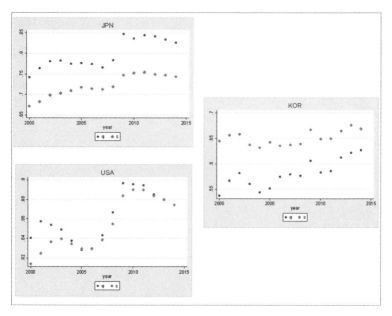

図 7-6　経済における労働と資本の消費財生産部門への配分率（日本、アメリカ、韓国）
出所：李・柳（2018）

いことで、消費財より資本財の方が多く生産されたということを示している。こうした、韓国経済における投資過剰問題は、産業構造面においては、資本財の相対的過大生産問題としても確認できた。そのため、今後の経済発展のため生産要素をより多く消費財生産部門へ投入することが望ましいと考えられる。それでは、マルクス派最適成長モデルから導出された以下の2本の式を基に、資本と労働の消費財生産部門及び投資財生産部門への最適配分率を計算する。

$$\varphi^* = \left(\frac{K_2}{K}\right) = \frac{\beta_1(\delta + n + \lambda_2) + \rho}{\alpha_1(\delta + n + \lambda_1) + \beta_1(\delta + n + \lambda_2) + \rho}$$

$$s^* = \left(\frac{L_2}{L}\right) = \frac{[\beta_1(\delta + n + \lambda_2) + \rho]\beta_2}{[\beta_1(\delta + n + \lambda_2) + \rho]\beta_2 + \alpha_2\beta_1(\delta + n + \lambda_1)}$$

なお、この際の推計において必要となる各パラメーターの値をまとめた

表7-3　生産関数における各パラメーターの数値

α_1	α_2	λ_1	β_1	β_2	λ_2	n	δ	ρ
0.29	0.13	0.05	0.71	0.87	0.04	0.003	0.05	0.04

出所：李・柳（2018）

表7-4　労働、資本の消費財生産部門への配分比率比較

	s	φ
現在値（2014）	0.67	0.63
最適値	0.78	0.91

出所：李・柳（2018）

ものが表7-3である。

　表7-4が示した推計結果によると、2014年における労働、資本の消費財生産部門への配分比率はそれぞれ0.67と0.63であった。しかし、今回の計算結果からみれば、韓国経済における労働・資本の消費財生産部門への最適な配分比率はそれぞれ、0.78と0.91となっている。このような結果から、韓国は今後の経済成長に伴い、労働と資本が消費財生産部門へより一層大きな比率で投入されるべきであると考えられる。換言すれば、これを通じてマクロ上の消費と投資のバランスを最適な状況に調整する必要があるということだ。

　このことから考えると、前述の文在寅が打ち出した所得型成長は、民間消費を拡大することによって経済を活性化しようとした点で政策上の方向としては正しかったように見える。しかし、彼は同時に企業に対して投資も呼び掛けており、消費と投資のバランスを是正できなかったため、経済成長につながらなかったのではないかと推測できる。

　最後に、図7-7に示された韓国の産業別投資財と消費財の生産量を確認する。図7-7[7]によると、韓国の場合、多くの産業に関しては、消費財の生

7　セクター分類は第6章を参照してください。

第3部　実証編：アジアにおける成長段階のバリエーション

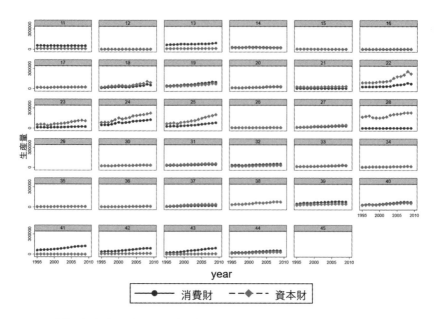

図7-7　産業別投資財と消費財の生産量推移
出所：筆者作成

産量は資本財を上回っている。

しかし、基礎金属・加工金属製品製造業（22）、電気機械器具製造業（23）、電気機械器具製造業（24）、輸送機械製造業（25）、建設業（28）の6部門に関しては、各部門の総生産の中で投資財に使われた分は消費財を上回っている。その中で特に建築業に関しては、投資財と消費財の間の乖離が広がっている。成瀬（2018）によると、2000年以降、韓国は少子高齢化で人口増加ペースが鈍化するなか、住宅完工戸数が大幅に増加した。にもかかわらず、住宅市場における需給均衡は保たれている。すなわち、これは、住宅が転売や賃貸など消費財ではなく投資財として購入されることが多いことを示唆している。こうして、マクロレベルで起こっている過剰投資問題が建築及びその関連産業に生産能力の過剰問題をもたらしたことが、産業レベルから見るとより明確に確認できるのである。

第8章　中国経済

──崩壊論にあらがって[1]

1. はじめに

　中華人民共和国（中国）は 1970 年代の「改革開放」以降、急速な経済成長を遂げてきた。国内総生産（GDP）は 2007 年にはドイツを、2010 年には日本を超え、現在はアメリカに次ぐ世界第 2 位の経済大国になっている。

　このような背景のもと、中国経済の今後に関する議論が盛んに行われている。例えば、経済成長の減速や、国内に抱える諸問題を批判し「中国経済はまもなく崩壊する」と主張する「中国崩壊論」が根強く存在する。その一方で、中国がアメリカを追い抜き、このまま世界第 1 位の経済大国になるという見方もある。

　このような両極端な主張は、中国の軍事・政治に関する評論の影響を受け、恣意的に展開されることも多く、中国に対する誤解をもたらしている。そこで、客観的なアプローチに沿った分析を行うため、本章では中国経済の将来について、経済学とりわけ経済成長率予測の視角から論じる。その上で「中国はアメリカの GDP を追い越せるか、可能ならばそれは何年後なのか」についても考察したい。

　本章の構成は以下の通りである。第 1 節では、1949 年の中国建国から2020 年までの経済発展の軌跡を概観する。第 2 節では、中国経済の成長パターンの変容とその要因を分析しながら中国経済が直面している課題を明らかにする。第 3 節では、経済理論であるマルクス派最適成長モデルを用いて今後の中国経済を予測し、「中国崩壊論」に対する筆者の見解を述

1　本章は李晨（2022）「これからの中国経済はどうなるか？──経済成長の予測」丸川知雄・徐一睿・穆堯芋編『高所得時代の中国経済を読み解く』東京大学出版会、第 5 章を修正したものである。

165

第3部　実証編：アジアにおける成長段階のバリエーション

べる。最後に、第4節で、最新の第14次5カ年計画を分析し、中国は本
稿で指摘した課題を克服できるのかを考察する。

2. 中国経済の歩み

　1949年10月1日に、日中戦争とそれに続く国共内戦に勝利した中国共
産党は中華人民共和国の樹立を宣言した。長年の戦争で疲弊したことで、
建国当初の中国は非常に貧しく産業もほとんどない状態であった。こうし
た状態から世界第2位の経済大国まで登りつめた中国の成長過程は、図
8-1のように概観できる。

　以下では、図8-1、表8-1に基づき、1949年から2020年までの71年
にわたる経済発展過程を、①戦後復興期―社会主義計画経済期（1949～
1977年）、②高成長期（1978～2010年）、③中成長期（2011年以降）の
3段階に分けて説明する。その際には、中国の国内経済と、中国を取り巻
く国際経済環境などを踏まえ考察する。

(1) 戦後復興期―社会主義計画経済期（1949～1977）

　中国共産党は、建国当初、急速な計画経済の導入は行わず、緩やかな社
会主義化を進めようとしていた。社会主義計画経済への移行が本格化した
のは1953年であり、1978年まで続いた。計画経済期は、前期（1949～
1957年）と後期（1958～1977年）に分けて説明できる。

　前期（1949～1957）1953年、中国は社会主義国家であった旧ソ連に倣
い、経済運営の方法として5カ年計画方式を採用した。1953～1957年の
第1次5カ年計画では、国家が希少な資源を重化学工業に集中的に投資す
ることで、急速な工業化が図られた。同時に農村では農業集団化を発展さ
せ、都市では私的資本の国有化・集団化を推進し、中国全体の社会主義改
造を進めた。この結果、第1次5カ年計画最終年である1957年の工業総
生産は1952年から128.6％も増加した。5年間の実質GDP成長率は平均
9.4％に達し、建国以来初の高成長期を迎えたのである。

　後期（1958～1977）この時期の中国経済の特徴は、政治運動が原因で

166

第 8 章

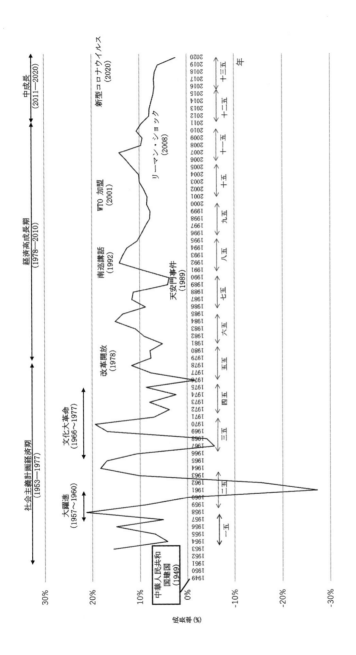

(注) 図中の「●五」は「第●次 5 カ年計画」を意味する。
図 8-1 中国経済の成長率の推移（1953～2020 年）
出所：中国国家統計局編『中国統計年鑑 1999』,『中国統計年鑑 2020』を基に筆者作成

167

第3部　実証編：アジアにおける成長段階のバリエーション

経済成長が不安定になった点にある。政府は 1958 年に第2次5カ年計画を立案したが、それとは別に毛沢東共産党主席は当時世界第2位の経済大国イギリスを追い抜くことを目指し、「大躍進」と呼ばれる政治運動を開始した。農村に人民公社と呼ばれる政経一体型の組織を設けるなど、農民を農業インフラ建設や工業生産に動員することで、農産物や銑鉄をはじめとする工業製品の飛躍的な増産を図ったのである。

　しかし、「大躍進」は、その目標とはかけ離れた経済・社会の荒廃をもたらしてしまった。当時の中国の農村で用いられた生産技術は未熟で、生産された銑鉄の品質は粗悪であったため、「大躍進」は資源の無駄遣いに終わる。農村経済が混乱し、食糧不足により多数の餓死者が出たことで、第1次5カ年計画の成果は台無しになってしまった。このため、政府は 1963 ～ 1965 年にかけて経済調整政策を実行し、投資の見直しなど経済回復に注力した結果、ようやく経済は回復した。

　ただし、経済調整による成長も長続きしなかった。1966 年に、毛沢東は「文化大革命」と呼ばれる政治運動を発動し、この結果 1968 年と 1969 年は2年連続のマイナス成長に陥ったのである。

　このように、中国の戦後復興期は政治運動により経済が大きなダメージを受けたこともあり、毛沢東が主導する開発戦略は失敗だと批判されてきた。しかし、毛がおこなった政治運動の是非や短期的な影響と、当時の政策が経済の構造に与えた影響を混同すべきではない。この時期における実質 GDP 成長率は平均 6.7％に達し、1978 年時点の工業生産は 1953 年の 9.8 倍に急増した。大西・矢野（2003）は、毛沢東による経済開発を国家主導型工業化として、この時期を資本の原始的蓄積の期間（強蓄積期）と定義した。大西たちは、毛沢東主導の開発戦略を、後述の鄧小平による市場経済型工業化と区別し、前者は後者の前提として必要だったと評価している。

(2) 高成長期（1978 ～ 2010）

　文革で一時的に落ち込んだ経済を立て直すため、1978 年以降、中国の指導者は政策の重点を経済発展へと移していった。政治面では共産党一党支配の社会主義体制を維持しつつ、経済面では計画経済から市場経済への

移行を図る一連の試みは、「改革開放」と呼ばれる。

計画経済期は毛沢東による極端な平等主義（「均富論」）が、労働者のインセンティブを大きく阻害していた。このような経済・社会の閉塞を打破するために、当時の実質的な最高権力者であった鄧小平共産党副主席は、「黒猫であれ白猫であれ、ねずみをとるのが良い猫である」（白猫黒猫論）と述べた。表現は弱いものの、これは後に鄧小平自身が発した「資本主義であろうと社会主義であろうと国民が豊かになればそれでよい」という言葉を先取りするものでもあった。また、「均富論」に対して、「豊かになれる条件を持つ地域や人から豊かになればいい」という「先富論」を提起した。

鄧小平の改革開放の呼びかけに応じ、第1に、国内の市場経済化推進を目的とした改革が進められた。改革は農村・農業分野から始まった。その後、改革の対象分野は企業・財政・金融など経済システム全体に及び、現在に至るまで続いている。

第2に、国内の改革と並行して大胆な対外開放政策も実施された。対外開放政策の柱は、外資導入などの経済面で特別に優遇された地域である経済特区の設置であった。1980年に、深圳、珠海、汕頭（以上、広東省）、厦門（福建省）の4つの地域が経済特区として創設され、海外直接投資を積極的に呼び込む政策を打ち出した。その後、経済特区は拡大され、図8-2のように中国全土に開放地域が広がっていった。それに加えて、貿易の自由化、為替レート調整、外資規制の緩和等も実施された。

こうした一連の政策の実施によって、1978～1993年の中国は年平均9.8％の実質GDP成長率を達成する。改革開放政策の実施により、中国経済はただちに高成長段階に突入したのである。ただし、改革開放期は部分的な改革期であり、計画経済と市場経済を併存させつつ、漸進的な改革を行った。また、徐々に対外開放を行うことで、部分的にグローバル経済への接合も試みていた。つまり、この時期の取り組みは、「国内循環の拡大」と「国際小循環」の組み合わせとして捉えることができよう。

しかし、経済の自由化は、同時に政治の民主化への欲求を生み出し、1989年6月に発生した天安門事件という結末を迎えた。天安門事件にお

第3部　実証編：アジアにおける成長段階のバリエーション

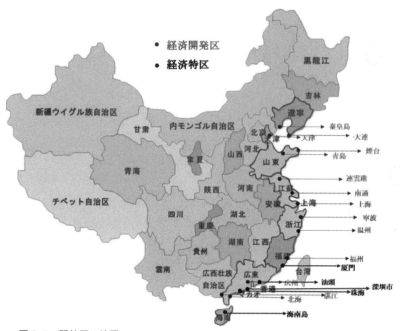

図 8-2　開放区の地図
出所：筆者作成

ける民主化運動の弾圧が国際的な批判を浴び、アメリカなど主要各国が対中経済制裁に踏み切ったことで、中国の成長は一時的に停滞することになる。

　天安門事件による経済停滞は、1992 年に中国南部地域の視察を行った鄧小平が、改革開放の推進を訴えた「南巡講話」を発表するまで続いた。同年 10 月の第 14 回党大会で「社会主義市場経済」路線が確定され、「中国の特色ある社会主義市場経済」の建設期に移行した。

　「南巡講話」(1992 年) を契機に、中国では再び改革開放が推し進められ、外資導入による経済成長路線を採用した。対外開放区の大幅拡大、地方政府による外資誘致、さらにインフラ設備の整備などを通じ、外国からの直接投資を呼び込み、経済成長を図ろうとした。ただし、投資資金の充実を目的とした多くの発展途上国と異なり、貯蓄率の高い中国は外国直接投資

に伴う「技術の移転」[2]を狙っていた。「以市場換技術」（市場を技術と交換する）と表現される方針である。これにより、この時期（1993 - 2000）の平均実質 GDP 成長率は 10.4％に達し、さらなる高成長を実現したのである。

　中国の経済成長を一層加速させたのは、2001 年 12 月の世界貿易機関（WTO）加盟である。これ以降、中国は国内における豊富な労働力と低賃金という優位性を生かした加工貿易にも取り組み、対外市場の拡大に梃入れをおこなった。2006 年には中国の輸出額は世界 1 位となり、対外貿易の経済に貢献する度合いは 66.5％に達した。中国が「世界の工場」と呼ばれるようになったのはこの時期である。

　こうして、1993 年から 2006 年にかけて、対外貿易の成長と、外資導入の進展により、中国経済は著しく成長した。この時期の中国経済は、いわば「国際大循環」の軌道に乗り発展していったと指摘できる。

　しかし、2006 年以降、過度の対外依存や投資・需要の不均衡といった問題が顕在化し始める。中国経済を支えてきた投資主導型、輸出志向型発展戦略の行き詰まりが浮き彫りになり、経済発展戦略の方向転換が迫られるようになった。そこで、2006 年の「第 11 次 5 カ年計画」では、「国内消費の拡大を重視し、消費の経済成長に対する貢献が更に発揮されなければならない」と規定され、消費によって支える経済成長への転換が試みられたのである。ただし、2008 年に米投資銀行リーマン・ブラザーズ破綻を発端とするリーマン・ショックが発生し、経済発展戦略の転換は中断を余儀なくされた。外需の激減による成長鈍化に対処するため、中国政府はインフラ投資を中心とする 4 兆元（当時約 64 兆円）の景気対策を実施した。一連の政策で中国経済は危機的状況を回避した一方、巨額資金の投入により過剰投資・過剰生産が生じ、投資と消費の不均衡問題は一層深刻化してしまった。

2　丸川（2013）p. 247。

第3部　実証編：アジアにおける成長段階のバリエーション

(3) 中成長期（「新常態」）（2011 〜現在）

　改革開放後、1978 〜 2010 年における中国の実質 GDP 成長率は、年平均 10％であったが、2011 年以降の成長率は鈍化傾向にある。2014 年の成長率は 7.4％と、2012 年から 3 年連続で 8 ％を下回った。成長率減速を受け、中国政府は、2014 年に成長率が鈍化している実態を「新常態」と定義し、中国経済は高成長期を終え、安定成長期に入ったのだと説明するようになった。

　「新常態」期は、外部環境も大きな変化を見せ始めている。2018 年に米国のトランプ政権が保護主義的な姿勢を強め、中国に対しても関税引き上げなどを断行し、米中貿易摩擦が発生した。その後、貿易摩擦はハイテク技術をめぐる米中対立の性格を強めている。このような状況下で成長率は 9 年連続で低下し、2019 年の実質 GDP 成長率は 6 ％と、天安門事件に対する制裁の影響を受けた 1989 年、90 年を除けば統計開始以来の低成長となった。

　リーマン・ショックで足踏みはしたものの、2006 年から中国は内需主導型成長への転換を試み始め、2018 年に中国政府は「巨大な市場形成の促進」を呼び掛けた。第 12 次 5 カ年計画では、「経済成長を消費、投資、輸出のつり合いの取れたけん引に依拠」した成長を唱えて、経済発展方式の転換が提唱された。このように、2006 年以降は、いわば「国際大循環」に偏った発展を、「国内循環」もあわせて発展させることを意識し始めた時期だと言えよう。

172

第 8 章

表8-1　第1～13次5カ年計画の経済発展目標と実績

5カ年計画	経済発展の目標 （産業発展および経済成長率関連のみ抜粋）	実績
第1次 (1953～1957)	社会主義工業化の初歩的な基礎の固め 重工業の優先的発展と農業の集団化	9.4%
第2次 (1958～1962)	重工業を優先しつつ農工業の並行的な発展	1.3%
第3次 (1966～1970)	農業のさらなる発展と基礎工業の強化	7.4%
第4次 (1971～1975)	「三線建設」[3] を基にした工業化 農工業生産の発展と基礎インフラの整備	5.9%
第5次 (1976～1980)	自立した比較的偏りの少ない工業システムを構築	6.6%
第6次 (1981～1985)	第1～5次の5カ年計画の問題を調整	10.7%
第7次[4] (1986～1990)	中国式社会主義経済制度の基礎を構築 軽工業と重工業の安定成長および産業構造調整 ＊第3次産業の発展にも言及 GDP成長率目標：7.5%	8.0%
第8次 (1991～1995)	工業再構築、産業構造の高度化 GDP成長率目標：6％	12.3%
第9次 (1996～2000)	・社会主義市場経済体制の基礎固め ・産業構造の一層の高度化 GDP成長率目標：8.3%	8.6%
第10次 (2001～2005)	・社会主義市場経済体制を逐次整備 ・対外開放と国際協力をさらに展開など GDP成長率目標：7.0%	9.8%
第11次 (2006～2010)	・科学的発展観により経済社会の発展を堅持 ・産業構造の最適化、高度化 （ハイテク産業の発展促進） GDP成長率目標：7.6%	12.3%
第12次 (2011～2015)	・経済発展方式の転換と成長持続を両立 技術力アップ、次世代情報通信産業などの育成を通じて産業競争力強化 GDP成長率目標：6.5%	7.8%
第13次 (2015～2020)	小康社会（やや裕福な社会）の全面的完成の勝利 イノベーション力強化や品質の向上、ブランド構築、製造業の新発展方式の構築 GDP成長率目標：6.5%	5.8%[5]

出所：第1～13次5カ年計画より筆者作成

3　三線建設とは、1960年代中国の工業建設戦略の1つで、「三線地区」（戦争の危険性の低い内陸部）に工場を移転させることである。

4　第7次5カ年計画は、はじめて経済・社会発展目標が明示された5カ年計画である。

5　ただし、コロナ禍での2020年を除けば、6.6％であった。

第3部　実証編：アジアにおける成長段階のバリエーション

3. 中国経済成長パターン変化および課題

　第2節では、建国以来の中国経済を振り返ってみた。それを踏まえて、本節では、国内総生産を供給面と需要面の構成に焦点を当てて、各時期の経済構造、成長エンジンについて考察を試みる。

(1) 産業構造面における成長パターンの変化

　図8-3と図8-4はそれぞれ1953年から2019年までの国内総生産に占める各産業の比率と、1953年から2019年までの実質経済成長率に対して各産業がどの程度貢献しているか、すなわち産業寄与率を示したものである。以下ではこれらを用いて中国の産業構造変化などについて考察してみたい。

　戦後復興期においては、食糧危機に備えて農業の発展が重視された結果、第1次産業のシェアがしばらくは上昇傾向にあったものの、全期に渡ってみれば、低下傾向にある。戦後復興期の初期は「工業化の基礎固め」、後期は「独立かつ完備された工業体制の構築」という方針の下、工業、とりわけ重工業が一貫して重点産業に位置づけられた。その結果、第2次産業のシェアの拡大が顕著である。一方、サービス業を中心とした第3次産業のシェアは低迷し続けている様子がうかがえる。

　このように、戦後復興期において、第2次産業が全体に占める比率が著しく拡大していく中で1970年には第2次産業のシェアが第1次産業を上回り、第1次産業に代わって第2次産業を主軸とする産業構造へと変化していく。

　高成長期に入って以降は、第2次産業における産業構造の高度化及び第3次産業の台頭が顕著である。産業寄与度を見ると、高成長期全期に渡って、第2次産業の実質成長率に対する寄与率は50％を上回り、経済成長を牽引する役割を果たしていた。しかし、国内総生産に占める比率だけに着目すると、第2次産業は高成長期全般に渡って上昇傾向がみられるものの、そのスピードは緩やかである。むしろこの時期の第2次産業については質的な側面に注目すべきである。1978年以降、中国政府は従来の重工

174

第8章

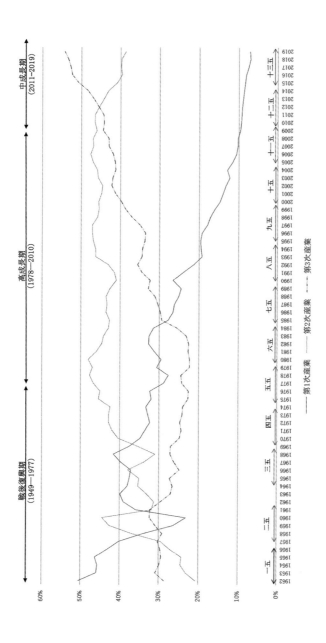

図8-3 名目GDPに占める各産業の比率の推移（1952～2019年）
出所：中国国家統計局編『中国統計年鑑2020』より筆者作成

第3部　実証編：アジアにおける成長段階のバリエーション

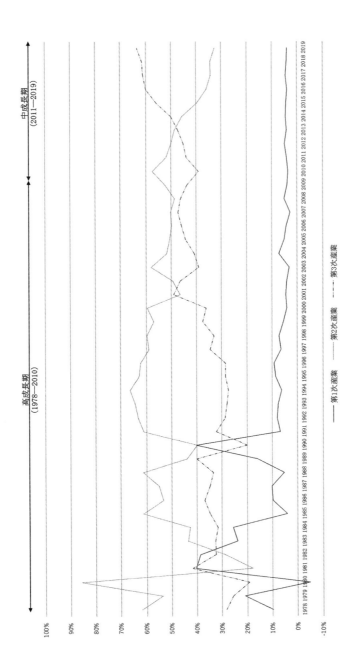

図8-4　実質経済成長率に対して各産業の寄与率（1978～2019年）
出所：中国国家統計局編『中国統計年鑑2020』より筆者作成

業から軽工業、製造業へと産業発展の重心を次々に移していく。経済のグローバル化が進展する中、変化は加速度的に進んだ。軽工業・紡織業にはじまり、電器・機械の組み立てを中心とした製造業、さらには電子通信及び自動車その他輸送機械製造業[6]へと第2次産業の主軸は目まぐるしく変化した。このように、第2次産業内部では、労働集約産業から技術集約産業へと産業構造が高度化していったのである。一方、第3次産業のシェアの上昇は継続的かつ急速であり、1985年には第1次産業を超えた。この時期、第1次産業は、生産自体は拡大しているものの、総生産に占める比率は1983年の32.8%を頂点として一貫して縮小傾向にある。

　中成長段階に入ると、第2次産業は成長の鈍化に伴い、産業全体に占める比率も縮小に転じた。第1次産業の比率も10%を下回った状態で横ばいである。一方、第3次産業は依然として高いパフォーマンスを示し、2013年に第3次産業は第2次産業をも上回り、GDPに対して最大のシェアを占めるようになった。同時に、第2次産業の経済成長に対する寄与率が減少する中、2015年以降、第3次産業が寄与率においても最大の駆動力となる。現在に至るまで経済成長の半分以上は第3次産業がもたらしている。

　このように、中国では工業化、サービス化が進められた結果、発展初期における伝統的な農業をはじめとした第1次産業から、近代的な工業が中心である第2次産業、さらにサービスを中心とする第3次産業へと産業の重点がシフトしていく。基本的に、ペティ＝クラークの法則に即した産業の高度化が見られると言えよう。経済成長への寄与率においてもこれは同様で、高成長期には第2次産業によって、中成長期においては第3次産業によってそれぞれ発展を牽引されるというパターンの転換がうかがえる。

(2) マクロ需要構成面における成長パターンの変化

　経済成長のパターンは、消費、投資、純輸出のうち、GDP（需要面）における寄与率が最も高い部門をもとに、消費主導型、投資主導型、また

6　陳（2007）

は外需主導型とそれぞれ分類される。図8-5、6は1953年から2019年までの中国の名目GDPに占める消費、投資、純輸出入の構成比重、および1978年から2019年までの実質GDP成長率の寄与率分解を示したものである。

戦後復興期においては、全般的に最終消費支出の比率は縮小傾向で、投資の比率は拡大傾向にあり、その変化は概ね相互に補いあう数字になっている。この時期を詳細に見てみよう。1959年までは経済成長が優先された結果、最終消費支出の比率が低下している一方、投資は上昇傾向にある。その後、1962年までは国内情勢が不安定化する中、逆に投資が不振となり、消費の比率が著しく上昇した。1963〜1965年にかけて経済調整が進み、そこから1977年まで最終消費比率の低下傾向とそれを概ね補う投資率の拡大という特徴がみられる。他方、純輸出については、初期を除けば一貫してゼロを上回っているものの、その比率はきわめて小さい。こうした経済の推移の背景には、次のような対外政策の変遷があった。すなわち、相手国をソ連に限定した初期の輸入代替工業化政策の推進、1960年にはじまった経済の「自立更生」を目標とする閉鎖かつ保護的な対外政策の実施、そして1970年代後半におけるソ連に限定しない輸入代替工業化政策への転換である。

高成長期では、最終消費の比重は、拡大時期と縮小時期が交互に訪れているが、全体を見れば、1978年から2010年までの間に12.3%縮小している。その一方、投資の比率もアップダウンはあるものの、同じ期間に8.6%拡大している。これらに対して、輸出入の比重の変化は顕著である。1979年3月、中国国務院は「以進養出試行弁法（輸入を通じて輸出拡大を図る試行規則）」を発表し、「二重貿易体制」へと舵を切った。すなわち、従来の輸入代替工業化を維持しながらも、経済特区の設置および加工貿易に取り組むことで輸出志向型工業化も同時に促進するという二重構造である。それをきっかけに、1980年代に入ってから、外需の構成は大きく変化した。1980年代後半には、輸入額が輸出額を上回っていたが、1990年代以降は、一貫して輸出が輸入を上回る貿易黒字が続き、純輸出の比重も拡大し続けた。こうした変化は、1980年代に輸出を支えていた経済特区があまり機

第8章

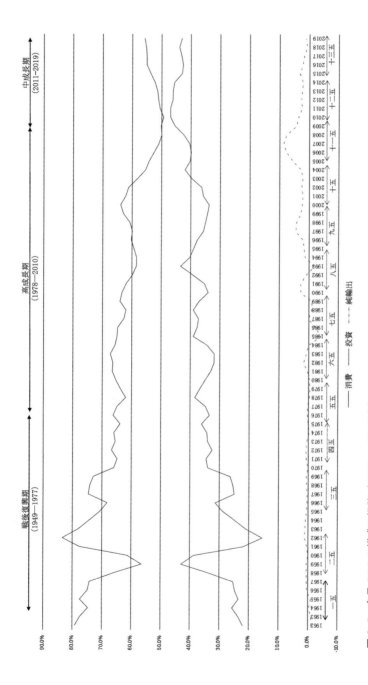

図8-5 名目GDPの構成の推移（1952～2019年）
出所：中国国家統計局編『中国統計年鑑2020』より筆者作成

第3部 実証編：アジアにおける成長段階のバリエーション

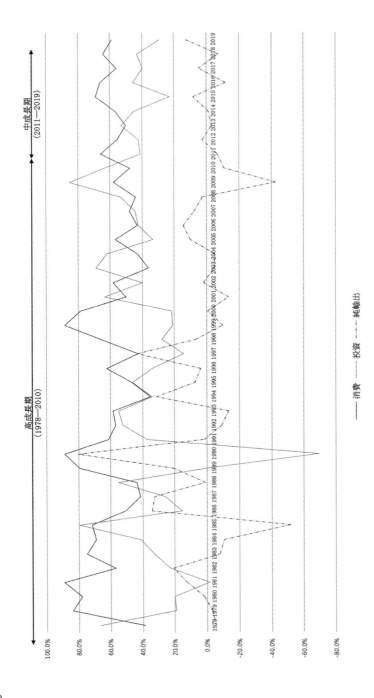

図 8-6 実質 GDP 成長率の寄与率分解
出所：中国国家統計局編『中国統計年鑑 2020』より筆者作成

能していなかったことや、1990年代以降の委託加工貿易において外国から生産設備が無償で貸与されたことによって起こったと考えられる。2000年代WTOの加盟以降、輸出志向が強まった結果、2007年まで黒字が拡大していくが、2008年の経済危機を契機にその比率は低下傾向に入った。

こうした状況変化に伴って、経済成長の軸は変わりつつある。1978年から2000年まで、消費は、その寄与率は低下しているものの、経済成長を支える最大の原動力であった。一方、2000年代に入って以降、経済成長に最も大きく寄与したのは投資である。投資は2000年から2011年まで平均50％の高い寄与率で、経済の高成長を強く支えている。とりわけ、2008年、世界金融危機後の対外貿易不振の中、2009年の寄与率は90％を超えた。2008年以降に実施された4兆元の景気対策のインパクトの大きさがうかがえる。

純輸出の経済成長への寄与率は改革開放以降、一時的に増大したが、1997年アジア通貨危機によってマイナスに転じて、その後もしばらく低迷状態だった。2000年代、WTOへの加入後、輸出志向が促進された中、その寄与率は再び拡大したが、リーマン・ショックによってふたたびマイナスに転じた。こうした推移から、一般的なイメージに反して中国の経済成長への純輸出（外需）の貢献度は一時期を除いてそれほど高いわけではないことが分かる。

2011年に始まった中成長期においては、GDPに占める消費の比率が増大し、投資と純輸出のシェアは相対的に低下した。経済成長への寄与率で見ると、2012年に消費の寄与率は投資を超えて、再び経済成長を牽引する主役になった。この時期、純輸出の経済成長への寄与率は不安定だが、全般から見るとやや上昇する傾向にある。

以上のように、中国の高成長期の前半は消費によって下支えされる消費主導型成長であったが、後半は、投資のパフォーマンスの上昇の中、投資主導型成長へと移行した。なお、これが可能になった背景には拡大し続ける中国の国内貯蓄率があることも付言しておく。すなわち、高貯蓄が高投資につながり、それによって高成長が実現したということである。

中成長期に入ると、投資が非効率化し、寄与率が低下する中、再び、消

第3部 実証編：アジアにおける成長段階のバリエーション

費主導型成長へ転換してきたことが確認できた。このように、一貫して内需が中国の経済成長にとって重要な位置を占めてきたのである[7]。

(3) 成長会計を用いた中国経済の分析

実質 GDP 成長率が減速傾向にあるなか、中国経済が直面している課題を考えてみよう。

第1の課題は、従来のような粗放型経済成長、すなわち資本・労働投入量の拡大による成長が限界に達しており、生産性上昇による成長への転換が迫られている点である。経済理論では、一国の経済成長率は労働、資本、全要素生産性の3つの要素から考察される。

図 8-7 は中国における年齢別人口の推移を表しているが、2010 年以降は生産年齢人口が減少傾向にある。2015 年に中国政府は一人っ子政策を改め第2子出生を認め、2021 年には第3子出生も認めたが、出生率の低下傾向は止まらないと推測されている。

理論的には、生産年齢人口の減少は貯蓄率の低下をもたらし、貯蓄率の低下は資本投入量の減少に繋がるとされる。図 8-8 は 1978 年以降の中国における限界資本係数[8]の推移であり、右肩上がりで上昇傾向にある。すなわち、2010 年以降、中国において投資効率は低下し続けており、過剰投資問題は時間とともに悪化していることが見て取れる。

図 8-9 は、1970 年から 2018 年における実質 GDP 成長率について、労働、資本、全要素生産性の各生産要素の寄与率を表したものである。中国の実質 GDP 成長に対する労働や資本の寄与率が低下する傾向にあるが、全要素生産性（TFP）の寄与率は上昇傾向にある。

7　データの制限もあり、ここでは「純輸出」、すなわち輸出と輸入の差額を「外需」として考察してきた。貿易の貢献度を深く考察するためには、むしろ単純な輸出額にも焦点をあててさらなる分析をする必要がある。

8　限界資本係数とは、経済成長率が1％上昇するために必要となる追加的な資本ストックを表す。この係数が大きくなるほど、投資効率は低下する。限界資本係数の算出方法は、$(\Delta K / \Delta Y)=(\Delta K/Y) / (\Delta Y/Y)$。ここで、資本ストックの増加（$\Delta K$）を総固定資本形成と過程し、実質成長率 ($\Delta Y/Y$) に対する投資比率として計算し、$((I/Y)/(\Delta Y/Y))$ によって限界資本係数を計算した。

第 8 章

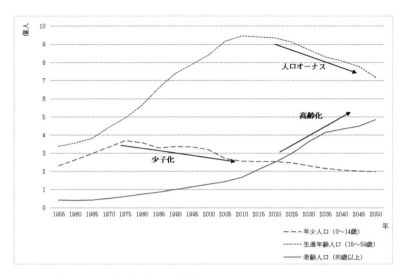

図 8-7　中国における年齢別人口の推移
出所：United Nations, *World Population Prospects*, the 2019 Revision より筆者作成

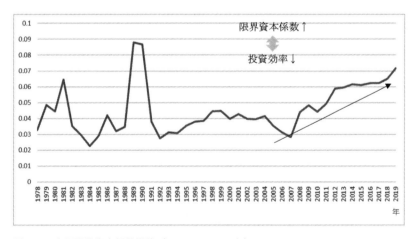

図 8-8　中国限界資本係数推移（1978 ～ 2020 年）
出所：中国国家統計局編『中国統計年鑑 2020』より筆者作成

183

第3部　実証編：アジアにおける成長段階のバリエーション

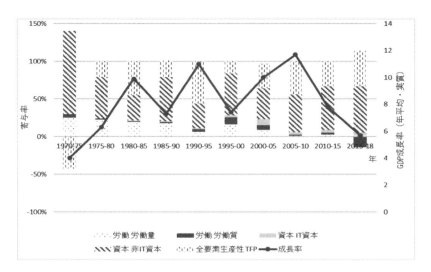

図 8-9　実質 GDP 成長率における各生産要素の寄与率（1970 〜 2018 年）
出所：アジア生産性機構（APO）*APO Productivity Databook 2020* より筆者作成

　図 8-7 〜 8-9 が示すように、将来的に労働供給量の減少と資本投入率の低下により、成長率が抑制されると予測される。今後は TFP を高めなければ中国の成長率は低下し続けると予想されるため、イノベーション能力の向上や産業の高度化など経済モデルの転換が求められているのである。
　第 2 の課題は、マクロ面における投資・消費の不均衡問題の解消である。中成長に入ってから、中国政府は投資主導型から消費主導型へ経済成長のパターンの転換を促したものの、マクロ面における投資・消費の不均衡問題は依然として顕著である。GDP に占める投資のシェア[9]を見ると、2020年に米国が 21％、日本が 25.5％、インドが 28.4％である。一方、中国は 43.7％ものシェアを占め、その比率は上昇傾向にある。この原因は、長年の投資主導型経済成長への依存と 2008 年の 4 兆元の景気対策にあると考えられる。投資偏重の経済成長には問題が多く、例えば大平・李（2018）は、中国経済の不均衡問題は、産業面における資本財生産部門と消費財生

9　International Monetary Fund, *World Economic Outlook Databases 2021* より。

産部門の不均衡発展として顕在化していることを指摘した。これが済成長率低下の一因となっている可能性がある。

4. これからの中国経済はどうなるか？

(1)2050年までの中国経済の予測

　これまでは、中国経済の発展過程と、中国が直面する課題について検討した。中国のGDP成長率は2011年以降に鈍化し、中成長期を迎えたと言える。

　将来的に、中国の経済成長はどのような変化を辿るのだろうか。また、世界第1位の経済規模を誇るアメリカを追い抜く日は来るのだろうか。この問いについて、マルクス派最適成長モデルを用いて考察してみたい。第3章でも言及したようにマルクス派最適成長モデルは、長期的な経済成長の動向や、経済成長と生産部門間の均衡発展問題などを扱う上で有力な分析ツール[10]であり、中国が抱える課題を分析する上で非常に役立つと考えられる。ここでは、まず筆者自身がLi（2018）で用いたデータと分析手法により、中国経済の予測を行いたい。なお、Li（2018）は第5章で拡張した人口成長率を考慮したマルクス派最適成長モデル予測モデルを用いたものである。

　第1に、中国の経済成長の持続性を論じるために、図8-7で筆者の実質GDP予測を示している。図8-10が示すように、2010年以降、実質GDP規模は大きくなるものの、成長のスピードは徐々に緩やかになっていく。2047年の実質GDP成長率は約0.03％となるので、中国はここで低成長に入ると予測することができる。

　第2に、米中のGDP規模の逆転について考察する。表8-2が示すように、2026年の中国のGDPは2009年時点の約5.95倍に達すると予測され

10　マルクス派最適成長モデルは投資財と消費財の2部門を有し、その2部門への資本と労働の最適な配分率を考えることで長期的な経済成長経路を分析する。また、この実証モデルでは各成長段階において、投資と消費のどちらをどの程度重視すべきかを具体的・統計的に論じている。

第3部　実証編：アジアにおける成長段階のバリエーション

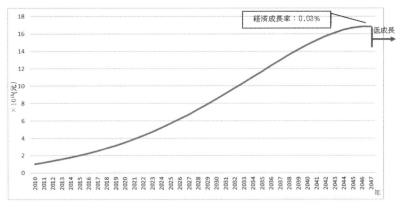

（注）推計にあたっては2001年から2050年までの人口成長率の平均値を用いた（0.0576％）。生産技術に関わるパラメータは、データ取得の制約から2009年以前の時系列データより推計した。

図8-10　中国の実質GDPの実績と予測（2010年〜）
出所：筆者作成

る。2026年のアメリカのGDPは中国の2009年時点のGDPの約4.86倍であるから、2026年における中国のGDPはアメリカのGDPの約1.2倍と予測され、2020年代後半頃に中国のGDPはアメリカを超えると計算できるだろう[11]。

11　米国・中国の長期予測は多くの研究機関が公表している。例えば、英シンクタンク「経済ビジネス・リサーチ・センター」（CEBR）と日本経済研究センターは、2028年に中国が米国を追い抜くと予測している。その意味で、本章の推計は、数年のズレはあるものの、ある程度妥当なものであるといえるだろう。ただし、推計した2018年時点では、新型コロナウイルスの流行が起こっておらず、やや現状とは異なる数字になっていることには留意されたい。

12　本推計はLi（2018）が行ったもので、当時最新のデータであった2016年のアメリカの実質成長率（前年比1.46％）を用いて算出した。なお、中国およびアメリカの比較基準を揃えるため、中国の2009年時点の実質GDP額を基準とし、「米中両国の各年の実質GDP額が基準時点の何倍に相当するのか」を計算した。

表 8-2　中国とアメリカの GDP 比較（予測 [12]）

	中国 GDP （1980 年価格）（元）	アメリカ GDP
2009 年（実際）	1.04×1015	中国 2009 年 GDP の 約 3.8 倍
2026 年（予測）	6.21×1015 （2009 の 5.95 倍）	中国 2009 年 GDP の 約 4.86 倍

出所：筆者作成

(2) 成長率低下で中国経済は崩壊するのか？

　上記の分析結果から、近い将来中国はアメリカの GDP を追い抜くことが予測される。ただし、今後は中国の成長率が低下していくことも事実である。こうした成長率の低下を根拠に中国崩壊論を主張する言説も多数存在するが、欧米をはじめとする先進諸国の現状を見れば分かるように、成長率の低下は長期的な歴史法則である。

　先進国の現在までの経済成長を振り返った場合、日本を含めた先進諸国はいずれも「高成長→中成長→低成長」という過程を経験してきた。例えば、日本の場合は 1955 ～ 1973 年が高成長期、1974 ～ 1990 年が中成長期、バブル崩壊後の 1990 年頃から現在に至るまでが低成長期に相当する。韓国の場合は、1961 ～ 1996 年が高成長期であり、アジア通貨危機に見舞われた 1997 年から中成長期に移行した。

　ただし、以上の分析は、経済成長率の低下を放置しても良いと主張するわけではない。高成長を終えて中成長、低成長の段階に入り、経済成長の果実が乏しくなる中で、いかに安定した政治・社会を維持するかが重要になってくるのである。中国政府も、政治的な利害関係を乗り越え、低成長を克服する政策遂行が求められていると言えよう。

　実際に、中国政府は経済の中成長は不可避であると認識している。2014年に中国経済は「新常態」に入ったとして、様々な政策を打ち出している。2021 年には税制や社会保障制度など、富の再分配に関する改革が進められており、その成果は今後注目すべきである。

　中成長に入った中国が直面している問題として、特筆すべきは投資と

第3部　実証編：アジアにおける成長段階のバリエーション

消費の不均衡問題である。このことは、消費財・資本財生産部門という、2部門への生産要素の配分比率からも推測できる。

　入手可能なデータの制約から、2009年時点の推計となるが、資本財生産部門への資本と労働の配分比率を推計すると、それぞれ0.7と0.76と試算できる。この推計結果は、資本と労働の最適配分率である0.58、0.17と比較すると、資本財生産部門に大きく偏ったものであることが分かる。資本財生産部門の過大生産は過剰投資に繋がり、中国が直面している投資と消費の不均衡問題の解決には、相当な困難が伴うことが明らかである。将来必ず訪れる低成長時代にうまくソフト・ランディングするためには、産業面での構造調整を通じた過大な投資を抑制することが求められるのである。

5. 第14次5カ年計画における経済成長に関する記述について

　本稿の最後に第14次5カ年計画について考察したい。これまで論じてきたように、中国経済が直面している課題は2つある。第1が投資主導型成長から内需主導型成長への転換が迫られていること、第2が従来のような資本・労働の投入量拡大による成長は限界に達しており、持続的な成長には生産性上昇が不可欠となっていることである。

　そこで、表8-3にまとめられた第14次5カ年計画の経済成長に関する記述を分析することで、中国がこの問題に対応できるのかを考えたい。

　まずは、経済成長率について、第14次5カ年計画においては「経済成長率は合理的範囲内に維持する」と規定された。さらに、その「合理的範囲」も年度の状況に応じて設定される。これは2020年の新型コロナウイルス流行や、米中対立など国際環境の変化といった不確実性を考慮したものだと考えられる。また、中国政府は、経済成長が減速していることを理解し、今後は高い経済成長率を達成するよりも、「経済の質・効率性の向上」を目指すという方針を取っていることも読み取れる。

　次に、投資と消費の不均衡問題に取り組むため、中国政府は国内市場の整備と、海外との貿易・投資拡大を両立するという「双循環」を推進して

表8-3　第14次5カ年計画の経済発展に関する記述

目標	2020年（実績）	2025（目標）	年平均・累計
実質GDP成長率	2.3%	—	合理的範囲を維持、状況に応じ各年度の状況を注視
労働生産率の伸び率	2.5%	—	GDP成長率を上回る
経済政策	①国内の大循環を主体とし、国内・国際の双循環が相互に促進する新たな発展モデルの構築 ②科学技術の自立を目指したイノベーション推進		

出所：「国民経済・社会発展第14次5ヵ年計画と2035年までの長期目標要綱（草案)」より筆者作成

いる。中国は建国以来、政府による重化学工業偏重の計画経済期→「国内循環の拡大」と「国際小循環」（「改革開放」期）→輸出主導型の「国際大循環」（社会主義市場経済期）という過程を経てきた。しかし、反グローバル化や保護主義の台頭により、従来の国際循環が弱まっている。こうした背景により、国内市場に重心を置いた経済発展が求められている。

　最後に、経済政策について、科学技術の「自立自強」を目指したイノベーション推進が重要方針として掲げられている。イノベーションを通じて経済効率を向上させることは第13次5カ年計画からも重視されていたが、第14次5カ年計画においては科学技術の「自立自強」も追加されている。これは、2018年からの米国とのハイテク化を巡る対立がその背景だと考えられる。「自立自強」の実現に向け、例えば次世代の情報技術や航空宇宙・深海技術など、先端技術の発展に焦点が当てられている。

　このように中国政府は中国が抱える諸課題を認識しており、上記の一連の政策を通じてそれらの課題を解決することが期待される。

第9章　インド

——蛙飛び型成長の代償

1. はじめに

　経済史の専門家がしばしば指摘するように、中世から19世紀初頭にいたるまで、インドと中国は世界で1、2を争う経済大国であった。たとえば、アンガス・マディソン（Maddison(2010)）の推計によると、産業革命以前の1820年当時、世界のGDP第1位は中国、第2位はインドで、それぞれ世界の総GDPの約33％と約16％を占めていた。すなわち、欧米をはじめとする先進諸国が世界経済の中心となったのは、わずかここ200年ほどのことなのだ。

　その後、インドと中国は植民地支配や侵略戦争など不安定な政情にさらされたことで、長期にわたる経済停滞を余儀なくされた。その間に、英、米、ドイツ、日本に追い抜かれ、一時は先進諸国の経済発展から完全に取り残された両国だったが、戦後復興を通じて再び成長をはじめ、20世紀の末になってようやく世界経済の舞台に舞い戻ってきた。したがって近年の中国とインドの経済的プレゼンスの上昇は、新しい現象ではなく、むしろ、いわゆる「眠れる獅子」と「眠れる巨象」がようやく目覚めて、戻ってきたと表現されるべきだろう。

　こうした歴史的経緯において多くの共通点を持つ両国は、戦後の経済政策の変遷に関してもよく似た経緯をたどっている。前章で論じたように、中国の経済政策は1949年から1977年にかけての戦後復興を経て、1980年代の経済の部分改革、そして1990年代における社会主義市場経済の改革へと移り変わっていった。これと同様に、独立後のインドも社会主義的な特徴を持った社会の実現を目指し、ソ連型の開発戦略を採用していた。

その後の変化の道筋もよく似ており、1980年代から経済の部分改革、そして1990年代からは経済自由化を実施している。

にもかかわらず、両国における経済政策の結果には大きな隔たりがある。前章で見てきたように、中国は1978年の改革開放をきっかけとして、2010年までに平均10％という高い経済成長率を実現し、改革から30年足らずで世界第2位の経済大国という地位を勝ち取った。他方、インド経済は21世紀に入ってようやく、その頭角をあらわす。一連の改革を経て、インド経済が本格的に成長をはじめるのは2000年代に入ってからのことだ。その結果、2003年には米投資銀行のゴールドマン・サックスが、ブラジル、ロシア、インド、中国を各国の頭文字から「BRICs」と総称した。インドは発展の著しい新興国の一角ともてはやされたものの、わずかその10年後の2013年には、同時期に通貨安に直面したトルコ、南アフリカ、ブラジル、インドネシアと並んで、「Fragile 5」（脆弱な5カ国）と評されるにいたった。

くわえて、インド経済の成長ぶりは、数字で見る限り中国ほど目覚ましいものではない。実質経済成長率は1980年代から一度として10％に達したことがなく、経済成長が世界に高く評価された2000年代にあってもその平均的経済成長率はわずか6.8％にとどまっている。こうしたインドと中国の経済発展の差をもたらした理由はどこにあるのか。

この問いに答えるために、本章では、まず第2節で5カ年計画をもとにインドの経済発展の道筋[1]を概観し、第3節では、インド型発展の特徴およびその背景を明らかにする。その上で、第4節では、第8章の内容をもとに、経済改革期から高成長期に至るまでのインドと中国における経済構造の相違に焦点をあてて、両国の経済発展に差をもたらした原因を考察する。第5節では、まず、国内総生産の最適値や資本と労働の部門間における最適分配値の推計を試みる。それをもとに、今後のインド経済のさらなる発展に資する提言をおこなってみたい。最後に両国の経済発展が到達し

---

1 産業政策および成長の時代区分などに関する議論は、絵所（2008）、山中（1988）、小島（1990）（2009）、西口（1986）を参照してまとめた。

第3部　実証編 アジアにおける成長段階のバリエーション

うる「最適値」、すなわち経済的な潜在能力を試算し、両国の経済発展の
差をより明確に示す。

2. インド経済の歩み

17世紀当時、世界の国民所得の27%を占める世界2位の経済大国で
あったインドは、東インド会社の進出をきっかけに、長期にわたる植民地
支配に陥った。インド連邦として独立した1947年には、植民地支配下で
長期の衰退を余儀なくされた結果、国民の半数以上が貧困ラインを下回る
状態だった。こうした状態から新興国として世界中から注目を集めつつあ
る現在にいたるまでの成長過程は、図9-1のように確認できる。

独立後のインド経済は大きく2つの時期に分けられる。本章は、第1期
の1951年から1980年を戦後復興期と位置づけ、2回の経済改革を経た
第II期をさらに経済改革期（1981～2000年）と高成長期（2001～2019
年）の2つに区分して、5カ年計画に沿って、その背景、経済政策及びそ
の実績について考察を試みる。

(1) 戦後復興期（1947～1980）

独立後のインドは、経済的不均衡の是正、貧困の撲滅及び自立的な経済
発展の達成を目標に掲げ、民主主義政権の下で社会主義「型」社会の実現
を目指していた。初代首相のネルーを中心とするインド計画政府は、経済
発展を進めるにあたって、国家による計画が必要であると考え、「国家中
心プランニング」いわゆる国家主導の経済計画を軸に混合経済の道を選ん
だ。また、自立した近代工業国家への飛躍を目指し、輸入代替工業化（重
化学工業）の推進にも取り組んだ。

1951年に、ネルーの下、インド政府は、第1次5カ年計画を発表する。
この計画には、国内における農業と工業、生産と配分、公共部門と民間部
門などにおける不均衡の解消及び国民所得の増大という2つの力点があっ
た。そのため、「産業（開発・規制）法」（1951年）、「重要物資法」（1953
年）を施行し、民間の工業生産を規制したほか、「産業政策決議」（1956

192

第9章

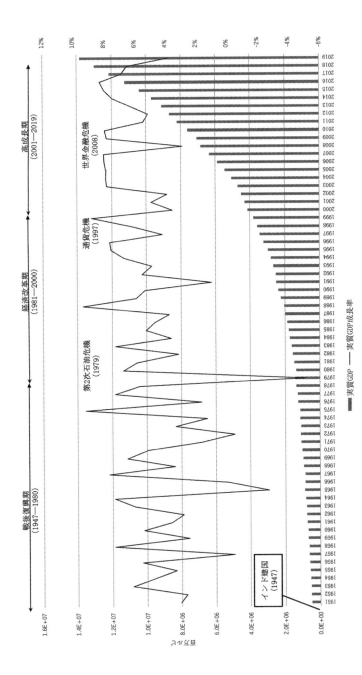

図 9-1 インド経済成長率の推移
出所：Government of India (2022), *Economic Survey 2022-2023*, Table1.1 のデータより筆者作成

第3部　実証編 アジアにおける成長段階のバリエーション

年）を通じて、公共部門と民間部門の役割分担を明確化した。こうして、国家が主導する混合経済体制が形成され始めたのである。一連の政策を通じて、同計画期では平均4.3%の経済成長率が実現され、長期的な経済の停滞を脱することに成功する。

　つづく1956年からは第2次5カ年計画が実行に移される。重工業優先の産業発展を改革方針とし、その目標に向けて公共投資が推進された。一方、対外政策に関しては、政府の「輸出ペシミズム」により、輸出が軽視され、ライセンス制度のもとで最小限の輸入しか行われなかった。いわゆる、輸入代替工業化開発戦略が確立されたのである。結果、第2次5カ年計画期間中、平均経済成長率は4.0%と、第1次5カ年計画の実績を下回ることとなった。

　1961年にインド政府は、第1次、第2次5カ年計画の延長として、第3次5カ年計画を発表する。より一層「社会主義型社会」（Socialistic Pattern of Society）の実現を推進しようという趣旨のもと、開発戦略として農業基盤を強化しながら、工業開発政策を進めるという方針がとられた。対外政策では、国際収支の悪化を受けて、輸出補助金制度などを設け、輸出を促進する方向に舵を切った。しかし、この間、1962年の中印国境紛争および1965年第2次印パ戦争、1964年のネルーの死去、さらに1965年から66年にわたる干魃などきわめて厳しい政治経済的出来事に見舞われ、インド経済は停滞を余儀なくされる。第3次5カ年計画の期間中に、インド経済の成長率は平均2.9%と大きく落ち込んでしまう。

　こうした紆余曲折を経ながらも、ネルー時代と言われた1951年から1964年の15年間は全体としてみれば、平均で4.3%の経済成長を遂げており、「歴史的逆転」[2]とも評される。その一方で、この時期の問題点も指摘できる。国家主導の下で、輸入代替重工業化が進められてきた結果、マクロ面における投資・貯蓄ならびに輸出入のギャップが顕著になり、貯蓄不足、外貨不足の状況を招いた。加えて、1960年代半ばにインドは食料

2　伊藤（1988）

不足、悪性のインフレに陥って、「独立後最悪の経済危機に見舞われた」[3]のも事実であった。

1964 年、ネルーから政権を引き継いだシャストリは、飢饉による食糧不足に備え、産業の発展の重心を重工業から農業へと回帰させた。さらに、当時のインドが直面する外貨不足を乗り越えるために、規制緩和を条件としてIMFと借款の交渉を行った。1965 年には、輸出加工区（EPZ）を設置し輸出促進にも取り組んでいる。ただし、こうした一連の政策も1966 年シャストリの死去によって停止を余儀なくされてしまう。

シャストリの死後、首相の座を引き継いだのは、ネルーの娘インディラ・ガンディーであった。印パ戦争（1965 年）の勃発によって、先進国からの経済援助、および借款が一時中断されたことを背景に、インディラ・ガンディーは、第 4 次 5 カ年計画を発表する。自立的な経済発展の実現を目的とし、従来からの国家主導型開発戦略を一層強化するとともに、農業生産性の向上を通じた食料自給体制の実現を目指し、産業発展の力点を農業に置いた。いわゆる「新農業戦略」（緑の革命）と呼ばれる戦略への政策転換が行われたのである。産業政策の実施にあたって、インド政府は商業銀行の国有化（1969 年）の推進、および「独占・制限的取引慣行法」（1970 年）の制定に取り組んだ。対外政策に関しては、輸入代替の推進に加えて、1973 年には外国為替規制法を改正するなど、従来の規制をより強化していく。

こうした規制の強化を中心とする政策は経済の停滞をもたらした。第 4 次 5 カ年計画中、インドの経済成長率は平均 3.2％と振るわなかった。農業重視への産業政策が工業化の停滞を招いた上に、産業全体における農業の割合は 40％と、前期と変わらない数値にとどまった。これは旱魃の頻発により計画期間中農業の生産が全体的に不調であったことに起因している。さらに、1973 年の第 3 次印パ紛争、1973 年の第 1 次石油危機に見舞われ、計画末期のインド経済は激しいインフレに直面し、再び深刻な危機に陥っていたのである。

3　絵所（2008）p. 33。

第3部　実証編 アジアにおける成長段階のバリエーション

　こうした事情もあって、1974 年から 1979 年までの期間を対象とした第
5 次 5 カ年計画の立案は困難になった。そのため、これ以後は年次計画と
いう形で経済発展計画が講じられていくことになる。インフレの沈静化に
むけて、1974 年に、インディラ・ガンディー政権は、金融引き締め、輸
入ライセンス規制の緩和、輸出向け生産の自由化など一連の措置を実行す
る。さらに、1975 年より、バランスを意識した投資が行われ、規制緩和
への姿勢も示された。こうした一連の政策は奏功し、1975 年から 1977 年
の年平均経済成長率は 6.1％となり、長期に及ぶ経済の停滞から脱却する
兆しが見られた。この時期、投資率と総貯蓄率がともに上昇したが、総貯
蓄率の上昇幅が大きかったため、総貯蓄率がはじめて投資率を上回った。
さらに、「緑の革命」の推進もあって、農業生産が拡大し、食料不足の解
決にも繋がった。長い間インド経済を悩ませる貯蓄不足、食料不足を乗り
越え、新たな成長パターンに移行し始めたと言えよう。

　しかしながら、政権下での汚職の蔓延をはじめとした強権政治にとも
なう歪みが顕著になり、国民の不満が高まった結果、インディラ・ガン
ディーは辞任に追い込まれる。代わって 1977 年から 1979 年の 2 年間、
ジャナタ党が政権与党の座に就く。こうした国内政治・経済の情勢が不安
定な中、1979 年に独立後最悪と言われた旱魃と第 2 次石油危機に見舞わ
れたインドは再び深刻な経済危機に直面することとなった。

　以上のように、戦後復興期のインドは、ほぼ一貫して、国家主導型開発
戦略を採っており、「社会主義」的な色合いが強い。ただし、後期から国
家の統制は、比較的緩やかになったことも無視できない。また、産業発展
に関して、1950 年代後半から 1960 年代半ばまでには重工業重視戦略を中
軸に置いたものの、食料の自給体制を維持するという趣旨で 1965 年より
農業優先発展戦略へ方針転化が行われた。対外政策は、基本的には輸入代
替の促進が主軸に置かれながら、外貨不足によって輸出の促進が補助政策
として取り入れられたた時期もある。しかしながら、インド国内における
旱魃の頻発、政治情勢の不安定化、そして当時のインドを取り巻く国際政
治など経済外的な要因も絡んで、インド経済は望んだ結果を得られなかっ
た。独立後 1951 年から 1970 年代末までを平均すると、インドの経済成長

率は年に3.6%で、ヒンドゥー成長率（Hindu Rate of Growth）と揶揄された低い成長率にとどまったのである。

(2) 経済改革期——高成長への準備段階（1981 ～ 2000）

　1981年から2000年にかけて、インドはIMFの介入のもとで、2回に渡って大きな経済改革を推進した。ただし、改革は直ちに経済の高成長をもたらしたわけではなく、成長への準備段階として位置づけられる。

　1980年に行われた総選挙でインディラ・ガンディーは首相の座を奪回し、技術的自立の実現および生産性の向上にともなう近代社会の建設を目標とした第6次5カ年計画が発表された。1981年には、国際収支危機を乗り切るためにインド政府は経済自由化を条件としてIMFから約57億5000万ドルの借款を受けた。これをきっかけに、産業規制を緩和するとともに、貿易と外資導入に関する経済自由化にも踏み切った。具体的には、1982年に産業政策声明を発表し、「生産額条件」の撤廃、ライセンスの適用品目の削減を含めた産業規制の緩和に着手。さらに、同年には輸出銀行の設立、輸出の促進、輸入自由化措置の実施、外資導入に対する優遇政策も打ち出した。長らく採用されてきた輸入代替工業政策から脱皮しようとする姿勢を示したのである。その結果、第6次5カ年計画の期間中の年平均経済成長率は5.4%へと上昇し、経済全体が上向いていく。

　ところが、1984年、インディラ・ガンディーが暗殺され、国内政治は再び不安定に陥る。この状況をおさめたのは、インディラ・ガンディーの息子のラジーブ・ガンディーである。1985年、ラジーブ政権は、第7次5カ年計画を発表し、重工業優先開発が再び産業発展の主軸としてクローズアップされた。さらに、工業の近代化及び効率化を目標として、産業政策の重点をハイテク、高付加価値および知識集約型産業（特にコンピューター、エレクトロニクス、自動車産業など）にうつしている。ラジーブは「新コンピューター政策」（1984年）、「新エレクトロニクス政策」（1985年）、「新繊維政策」（1985年）、「長期輸出入政策」（1985年）などの政策を打ち出し、多分野にわたって規制緩和・自由化を断行する。これにくわえて1988年には、商業銀行の金利自由化政策を通じて金融の自由化にも

第3部　実証編 アジアにおける成長段階のバリエーション

着手した。その結果、第7次5カ年計画期間中に、インドは年平均5.8％というより一段高い成長率を実現した。

　経済自由化により、インドは60年代ならび70年代よりも相対的に高い経済成長を遂げ、経済は成長の軌道に乗りつつあった。とりわけ、産業構成では、ITサービス業が中心となる第3次産業の割合が、第1、第2次産業を超え、第3次産業（サービス業）を主軸とする産業構成が確立した。ハイテク産業、知識集約産業をめぐる一連の規制緩和によって、ITサービス業の土台が築かれたことがその原因であると考えられる。しかし、既存の経済体制の枠内で進められてきた1980年代の経済自由化はまだ本格的な自由化とは言いがたい。産業並びに輸出入規制の緩和といっても、実態としては自動車・エレクトロニクス・繊維など一部の産業や外資の導入などに関しては一定の条件がかけられていた。それゆえ、80年代後半、輸出入のギャップはやや緩和されたものの、依然、顕著なまま存在していた。また、借款をもとに拡大した公共投資は、経済成長を促すと同時に、貯蓄・投資ギャップのさらなる拡大をもたらした。これらの要因で再び外貨不足に繋がっていく。

　1990年代に入ってまもなく、インドは未曾有の経済危機を迎えた。1990年からはじまった中東情勢の不安定化は輸入原油価格の高騰および、中東諸国への出稼ぎ労働者からの送金の激減をもたらした。出稼ぎ労働者からの送金は当時のインドが有する重要な外貨獲得の手段だったため、こうした状況は外貨不足に拍車をかけた。さらに、1991年にインドの貿易における主要相手国のソ連が崩壊し、インドの対外貿易赤字を一層深刻なものにした。外貨危機を乗り越えるために、インド政府は、再びIMF及び世界銀行に助けを求めることになる。その代償として、IMFが提示した「構造調整借款」のもとで、さらなる経済自由化を推進せざるを得ない状況に陥った。

　1991年、ナラシマ・ラオが総選挙を勝利して首相の座につき、「新経済政策」（NEP）を実行に移した。構造調整と市場志向に特徴づけられる「新経済政策」（NEP）は、「自由化」、「民営化」、「国際化」の推進に重点を置くもので、公共部門独占分野の縮小、産業ライセンス取得義務におけ

198

る業種制限の緩和など一連の産業政策が実施された。対外政策についても、輸入制限の緩和、専売品目の削減、外資参入分野の条件緩和、さらに関税の引き下げなどが織り込まれる。さらに、1993年の変動相場制への移行ならびに1994年に為替の自由化の実現は新経済政策の実施を一層促進した。こうした一連の政策は産業部門の近代化と効率性向上をもたらしたうえ、民間による投資ブーム（とりわけ製造業へ）を引き起こした。結果、第8次5ヵ年計画中、インドは年平均6.4％という高い経済成長率を実現した。とりわけ、1995年と1996年には2年連続で7％を超える経済成長を遂げている。

1997年に、インド政府は、改革路線の強化を基本的な発展方向とした第9次5ヵ年計画を発表した。「社会的公正と公平な配分を伴った経済成長」という目標のもと、雇用創出、貧困削減、社会基礎インフラ設備の建設に焦点を当てた政策が導入された。ただし、第9次5ヵ年計画中（1997年から2001年）、インドの年平均経済成長率は5.6％で、前期より若干減速した。これは経済改革の成長率引き上げ効果が一段落したこと、アジア通貨危機、国内における政情不安、財政赤字の拡大などに起因している。

80年代から徐々に始まっていた経済自由化は、90年代以降の政策によって一気に加速された。こうして、インドは60年代末以来続けてきた国家主導型の経済体制から大きく舵を切りなおすことになったのである。第2次経済自由化開始以降の1992年から1999年までインドは6.5％という高い年平均経済成長率を実現し、「成長の黄金の10年」（A Golden Decade (almost) of Growth for India）[4]とも評価されている。ただし、第2次経済自由化も完全なものではなく、「漸進主義的」[5]に進められてきたといえる。IMF・世界銀行の「構造調整借款」のもとで、サブサハラ・アフリカや韓国など多くの国が経済的苦境に立たされる中、インド経済だけが別格に成長できたゆえんである[6]。

4　Acharya（2002）

5　絵所（2010）

6　同上

第3部　実証編 アジアにおける成長段階のバリエーション

　以上のように、1980年代から90年代まで、インド経済は2回大きな経済自由化改革を経験してきた。経済自由化に伴う一連の規制緩和ないし撤廃は、この時期のインド経済の成長率の上昇に大きく寄与しながら、その後のインド経済がテイクオフステージに入る条件を整えたである。

(3) 経済高成長期（2001 ～ 2019）

　2000年代に入ると、インド経済はさらに高いプレゼンスを示しはじめる。世界の政治・経済情勢が不安定化した2000年代においても、インドは2001年から2019年まで6.6％の年平均経済成長率を実現した。とりわけ、2003年度以降の連続5年間の経済成長率は8％近くに迫り、「インド経済が本格的な高度成長期に入った様子が伺われる」[7]と絵所（2010）は評価している。

　1999年10月に発足した第3次ヴァージペーイー政権（インド人民党）は、「第二世代の経済改革（Second Generation Reforms）」を唱え、経済自由化の動きをさらに促進する決意を表明した。翌年には経済特別区（SEZ）の創設、輸入数量制限緩和、輸出促進資本財（EPCG）制度の導入を中心とした対外政策を発表し、輸出志向型成長戦略へ転換する姿勢を示している。また、自動認可投資分野においては、FDI認可のポジティブリスト規制からネガティブリスト規制へと変更し、外資規制を大幅に緩和することで本格的な外資導入ができるよう梃子いれした。こうした流れの中で、2001年、所得の倍増とともに、公平かつ持続的な成長を発展目標とする第10次5カ年計画（2002 ～ 2006年）が講じられる。その実現に向けて、産業規制緩和（例えば、2002年における競争法の制定）、外資規制などの緩和、そして基礎インフラ設備の建設が進められた。その結果、2004年、インドの投資率は29.6％に達し、政権発足初年度（1999年）より5％も増大した。一連の政策の甲斐もあり、ヴァージペーイー政権の5年間、インドは年平均6.2％と経済成長を実現する。2003年に米大手金融グループ、ゴールドマン・サックスが発表した「BRICsレポート」では、

7　同上

200

ブラジル、ロシア、中国とならんで、将来有望な新興国としてインドが挙げられることになった。

2004年、ラーオ政権で大蔵大臣を担当したマンモハン・シンが首相の座に就いた。シンは継続して経済の自由化を進めようとしたものの、政権基盤がぜい弱だったこともあり、経済改革はうまく進まなかった。しかし、「BRICsブーム」以降、有望な投資先とされたインドへの外国からの資本流入は拡大しつづけており、経済成長が停滞することはなかった。経済成長率は2003年から2007年にかけて連続で約8％という建国以来未曾有の好況が続いた。さらに、2008年の世界的な経済危機によって多くの新興国で経済成長が鈍化する中、インドは政府の果敢なマクロ政策が奏功し素早く回復に転じた。2009年度の経済成長率は7.9％、2010年度は8％と金融危機前の高成長へ回帰している。また、こうした好況は第2期のシン政権の成立にも繋がった。2009年スタートした第2期シン政権は、「迅速で包括的な経済成長の実現」を謳った第11次5カ年計画（2007～12年）をもとに、さらなる改革を進めようとした。高い経済成長率の実現に向けて、国内においては、税金の引き下げ、政府支出の増大、対外には外資導入の規制緩和ないし撤廃、および外資導入に向けたインフラ設備の建設を含む一連の政策を打ち出し、消費・投資の拡大に梃子入れした。さらに、2011年には、経済成長を持続させるべく、第12次5カ年計画に着手する。しかし、グローバル経済の減速及び経済情勢の不安定化の中、2011年から2013年にかけて経済成長率は7％を下回り、成長ペースはやや減速していく。

こうした中、2014年、経済の再生や産業競争力の強化など経済改革を掲げた最大野党のインド人民党（BJP）が大勝し、ナレンドラ・モディが首相に就任した。製造業の振興を通じて経済のさらなる飛躍を図り、モディは「メイク・イン・インディア（Make in India）」プログラムを発表する。投資、イノベーションを促進し、高度な製造インフラストラクチャーを構築することに力を入れたのである。さらに、外資導入に向けて、モディは物流・電力インフラの整備、外資の規制緩和及びそれにかかわる法制度整備というハードとソフトの両面から投資環境の整備を断行した。

第3部　実証編 アジアにおける成長段階のバリエーション

ハード面においては、インフラの整備が順調にと進んだ結果、「2019年世界経済フォーラム世界競争力報告（Global Competitiveness Report）」にしめされた輸送電力インフラの質に関する世界ランキングで59位にランクインして、86位だった2010年から著しく上昇した。ソフト面では対内直接投資に対する規制緩和、および2016年の破産法改訂、2017年のGST（Goods and Services Tax）導入などを含むインドの法制度の整備は国内外企業の参入障壁を下げることに繋がり、世界銀行が発表した「ビジネス環境の現状2019：改革を支える研修（Doing Business 2019: Training for Reform）」において、インドは2014年の世界142位から63位へと大きく躍進している。さらに、モディはグジャラート州に自ら経験した「グジャラート・モデル」を普及させ、全国レベルの経済特区を導入することで、外資企業の誘致に取り組んでいる。こうした一連の政策により、2014年から2018年にかけての年平均経済成長率は7.4％に達し、インド経済は、再び高成長の軌道にのりはじめた。経済の高成長をもたらすと同時に、モディは2017年、高額紙幣の廃止を含む不正資金対策などを実施し、国内における汚職の撲滅にも努めている。こうした経済、および政治における功績はインド国民からの高支持率につながり、モディは2019年の総選挙でも圧勝し2期目に入った。

3. 経済成長パターンの変化

　前節では、インドの経済成長を戦後復興期（1947〜1980）、経済改革期（1981〜2000）と高成長期（2001〜2019）の3つの時期に区分して、経済発展の過程を概観した。これらを踏まえたうえで、本節では、成長パターンの変容に焦点をあてることで、インドと中国の経済発展に差をもたらした要因を明らかにする。

(1) 産業面から見る経済成長パターンの変化
　図9-2は1951年から2019年までのインドの国内総生産に占める各産業の比率を示したものである。

第9章

　戦後復興期においては、農業をはじめとした第1次産業の国内総生産に占める割合は、1960年代後半の「緑の革命」が推進された時期を除いて、全般的に低下傾向にある。第2次産業は全体に占める割合は低いものの、輸入代替工業化が進められた結果、1970年代までに著しく成長し、ほぼ農業の減少分を補填した。一方、サービス業を代表とした第3次産業は1970年代まで横ばい状態だったが、第1次産業の衰退によって、1979年には産業比率において1位になった。なお、表9-1に示された実質経済成長率に対する各産業の寄与率を見ると、戦後復興期における各産業の平均寄与率はそれぞれ、第1次産業36.4%、第2次産業29.1%、第3次産業34.6%で、第1次産業はこの時期の経済発展を下支えていたことが確認できる。

　経済改革期に入った1980年代半ばから、ラジーブ・ガンディーの一連の改革によって第3次産業のシェアが急速に高まってきた。第2次産業は概ね横ばいで推移していたが、第1次産業の比重は低下の一途をたどり、2000年には第2次産業を下回って、第3位に転じた。このように、中国を含めて多くの東アジア諸国が経験してきた「第1次産業から第2次産業へ、そして第2次産業から第3次産業へと産業が高度化していくプロセス」いわゆるクラーク法則をたどっていない。第2次産業の高成長を経験せず、一挙にITサービス業を中心とした第3次産業へと産業の中心がシフトする「蛙飛び」型成長経路[8]を経験してきたのである。さらに、経済改革期には、第1次産業の経済成長に対する寄与率が低下する中、第3次産業が全期に渡って平均53.7%という高い率で経済成長を牽引していた。

　2000年代からの経済高成長期に入ってからも、第3次産業の国内総生産に占める割合は増加し続けている。2001年から2019年の間に40%台から50%台まで急上昇し、依然として高いパフォーマンスを示した。一方、第2次産業については、2000年代の投資ブームの際には勢いを見せ、2007年に一時はインドGDPの約37%を占めたものの、2008年から低下傾向に転じた。第1次産業のGDPに占める割合は、2010年まで低下し続

8　絵所（2010）

203

第3部　実証編 アジアにおける成長段階のバリエーション

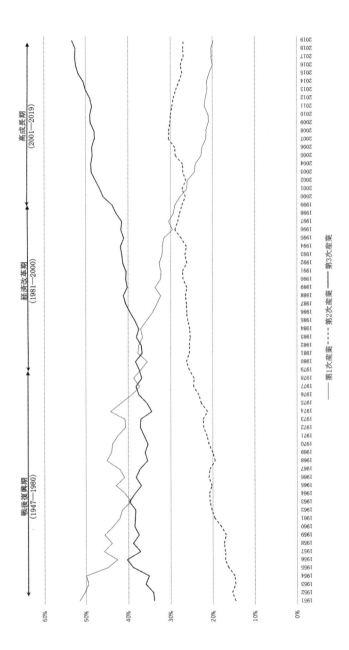

(注) 第1次産業：農林漁業、第2次産業：工業、第3次産業：サービス業

図9-2　インド産業構成の推移（1951～2019）

出所：Government of India (2022), *Economic Survey* 2022-2023, Table1.4のデータより筆者作成

け、2010年以降18%台前後で安定している。この時期においては、全期に渡って第3次産業の経済成長に対する寄与率は平均64.4%に達しており、インド経済の高成長はその大部分が第3次産業の高成長によって実現したといえる。

(2) マクロ需要構成面における成長パターンの変容

図9-3は1951年から2019年までのインドの名目GDPに占める消費、投資、純輸出入の構成比重を示したものである。

戦後復興期において、最終消費の比率は初期の80%台から1979年には70%台まで減少したが、その分はほぼ投資の増加によって補われている。他方、純輸出に関しては輸入代替工業化の推進により、70年代後半以外ほとんど貿易収支赤字を計上している。

経済改革期に入ってからも、需要項目別対GDP比の推移はほぼ戦後復興期と同じ動きをしている。なお、実質GDP成長率への寄与率にしぼって見ると、経済改革期まで最終消費が一貫して底堅く経済成長を牽引していることがわかる。

こうした状況は2000年代の高成長期に入ってから大きく変化する。2000年から2011年までの間に最終消費の対GDP比は73%から66.5%へと著しく低下した一方、投資の比重は28.9%から38%まで上昇した。実質GDP成長に対する投資の寄与率が拡大し続け、2001年から2007年までは最終消費をかわって、経済成長の牽引役を担っている。

しかしながら、2008年以降、投資の鈍化に伴い、投資の対GDP比は低下傾向に転じた。それは個人消費の増大と相まって最終消費の比重が再び増大することに繋がる。こうして、経済成長に対する投資の寄与率が低下する中、2011年には最終消費（特に民間消費）が再び経済成長をリードすることになった。一方、2000年代以降、経済成長に伴って消費が旺盛になったことで輸入が拡大し、貿易収支は依然として赤字状態にとどまっている。経済成長に対する純輸出寄与率もほとんどマイナスであり、成長率を押し下げていた。このように、インドでは経済成長の源泉がほぼ「内

第3部 実証編 アジアにおける成長段階のバリエーション

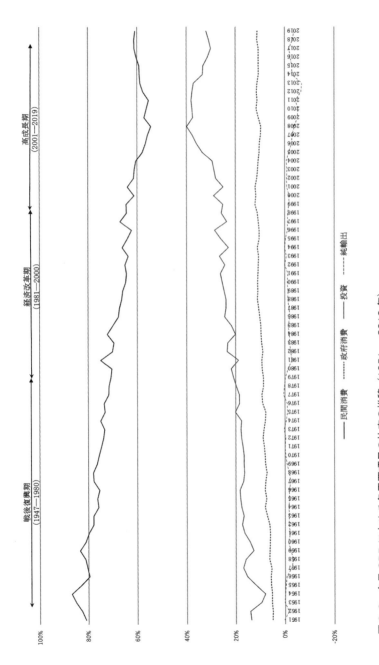

図9-3 名目GDPに占める各需要項目の比率の推移（1951～2019年）
出所：Government of India (2022), *Economic Survey 2022-2023*, Table1.6 のデータより筆者作成

206

第9章

表 9-1　実質 GDP 成長率における需要項目、産業の寄与率

| | | 戦後復興期
1951 ~ 1980 | 経済改革期
1981 ~ 2000 | 高成長期 | |
				2001 ~ 2010	2011 ~ 2019
需要面	民間消費	69.3%	61.0%	47.7%	62.9%
	政府消費	10.8%	14.0%	9.3%	9.5%
	投資	20.6%	28.5%	50.1%	28.2%
	純輸出	-0.7%	-3.6%	-7.0%	-0.7%
産業面	第 1 次産業	38.9%	25.2%	13.1%	10.1%
	第 2 次産業	27.9%	25.2%	33.4%	25.5%
	第 3 次産業	33.1%	49.5%	53.5%	64.4%

出所：Government of India (2022), *Economic Survey 2022-2023*, Table1.3, Table11.7 のデータより筆者作成

需」にあることも確認できる[9]。

(3) 供給サイドから見る経済成長パターンの変化

　実質経済成長率に占める労働投入・資本投入・全要素生産性（TFP）の寄与率をまとめたものが表 9-2 である。インドでは、1990 年代まで労働投入の寄与率が最も高く、経済を大きく牽引していたものの、人口ボーナスが続いているにもかかわらず 2010 年まで一貫して縮小傾向にあり低水準のままにあった。ただし、2010 年代以降、労働投入の寄与率はやや持ち直す傾向がうかがえる。一方、資本投入の寄与率は 1990 年頃から安定的に高まり、高成長期（2000 年代）に入ってから経済成長の牽引役となっている。とりわけ、非 IT 資本のパフォーマンスは高く、2000 年代後半以降、目覚ましい伸びを示している。全要素生産性に関しては、2005 年前後に大きく伸びたが、その後縮小しつつあり、2015 年以降は低水準にとどまっている。このように、インドの発展形態は、労働投入型から、資本投入型と全要素生産型へ、さらに資本投入型経済へと移り変わってきたのである。中国のように、資本投下が経済発展全般を下支えする傾向は

9　横川・板垣（2010）p.148。

207

第3部　実証編 アジアにおける成長段階のバリエーション

表9-2　実質 GDP 成長率における各生産要素の寄与率（1970 〜 2020 年）

	成長率	労働		資本		全要素生産性
		労働量	労働質	IT 資本	非 IT 資本	
戦後復興期 1970-1975	2.8%	66.0%	12.0%	1.0%	31.0%	-9.0%
1975-1980	3.1%	60.0%	17.0%	1.0%	39.0%	-16.0%
経済改革期 1980-1985	5.0%	31.0%	15.0%	1.0%	21.0%	32.0%
1985-1990	5.8%	24.0%	15.0%	1.0%	25.0%	34.0%
1990-1995	5.0%	26.0%	9.0%	2.0%	31.0%	33.0%
1995-2000	5.7%	19.0%	17.0%	3.0%	30.0%	32.0%
高成長期 2000-2005	6.5%	19.0%	9.0%	3.0%	30.0%	39.0%
2005-2010	7.8%	7.0%	16.0%	4.0%	42.0%	31.0%
2010-2015	6.2%	10.0%	13.0%	3.0%	47.0%	27.0%
2015-2020	3.4%	15.0%	11.0%	7.0%	73.0%	-5.0%

出所：アジア生産性機構（APO）*APO Productivity Databook 2021* より筆者作成

読み取れないものの、高成長がおもに資本投下によってもたらされた点は
共通している。

4．経済発展経緯から見る中国とインドの差

　ここまで論じてきたように、中国とインドで経済成長のたどった道は
酷似しているものの、インド経済の成長ぶりは中国ほど目覚ましいもの
ではない。1978 年の改革開放をきっかけとして、中国は直ちに高成長段
階に突入し、改革から 30 年足らずで世界第 2 位の経済大国という地位を
勝ち取った。他方、インド経済は紆余曲折を経て 2001 年に入ってようや
く、高成長期に入り、その頭角をあらわす。このように、高成長段階への

移行に際して、インドは中国と比べて30年ほど遅れるのである。くわえて、成長速度も中国と比較してはるかにゆるやかである。高成長段階にある1978年から2010年まで、中国は平均10％という高い経済成長率を維持しているのに対して、インドは高成長期と位置付けられた2000年代にあってもその平均的経済成長率はわずか6.8％にとどまっている。

経済発展のポテンシャルは初期段階の1人当たりの資本ストック（K/L）に大きく左右されるとする説もある[10]が、両国が高成長に突入する時期の違いはこうした要因からは説明できない。なぜなら、同じ経済発展の初期段階である1970年代において、インドは中国より高い1人当たりの資本ストックを有し、経済改革期に入る直前の1978年でも、2倍程度の大きさを示しているからだ。両国における1人当たりの資本ストックは、1993年に逆転し、その後その差は拡大しつつある。2010年には、中国の1人当たりの資本ストックはインドのおよそ1.5倍に達した。

このように、インドと中国の経済発展の時期に差をもたらした理由はどこにあるか？本節では、表9-3をもとに経済改革期から高成長期に至るまでの両国の経済発展の経緯の違いを指摘しながら、この問いの答えを明かにする。

まず政治的な側面として、政府主導の経済開発と混合経済体制の違いが挙げられる。中国は初期には計画経済を採用しており、1978年以降徐々に緩和されていくものの、あくまで「政府主導」的な経済開発がすすめられてきた。一方、インドは「確立された民主体制のもとで経済開発を促進」するとして、程度の差はあるものの基本的には混合型経済の形をとった。そのため、インドは中国ほど機動的に政策を遂行することができなかった。それはインフラ設備、外資の誘致などの政策決定の遅れ[11]に繋がったのではないかと考えられる。

次に、産業面において、製造業に牽引された中国経済の高成長と異

---

10 例えば、大西（1998）においては、K/L の初期水準が各国の成長段階を大きく規定すると指摘した。

11 浦田・小島・日本経済研究センター編（2012）は、インドの外資導入政策はASEAN諸国や中国に比べ、およそ20年遅れると指摘した。

第3部 実証編 アジアにおける成長段階のバリエーション

なり、インドがITサービス産業を中心とした第3次産業へと「蛙飛び
(Leap-frogging)」[12]型発展を遂げたことも重要である。長期に渡る重工業
化と輸入代替開発戦略が災いし、製造業の国際競争力が低いままにとど
まっていたインドは、IT革命の潮流の中、自国が持つ競争優位性（安価
で優秀なIT技術者を有すること、英語が話せることなど）を発揮し、ソ
フトウェア、コールセンター、会計処理といったIT関連サービスに特化
した。インドの発展過程は製造業の弱さと表裏一体だったのである。

　最後に、マクロ面における総需要の構成からみると、両国は同じ「投
資」の増大が経済の高成長に高く貢献しているものの、その実質に大きな
差がある。国内投資率に関しては、表9-3に示されたように、経済改革以
降、両国とも上昇傾向がうかがえるものの、中国は一貫としてインドより
高い数値が維持されてきた。また、外国直接投資を見ると、中国、インド
ともに経済改革をきっかけとして外国資本の参入に対する一連の規制を緩
和し、積極的に誘導してきた経緯がうかがえる。にもかかわらず、中国に
おける外国直接投資率はインドよりはるかに高く、1980年代はほぼ10倍、
2000年代に入って以降も2倍程度のひらきがある。こうした違いは、両
国における外資の誘致や経済特区政策の実施タイミングの違い[13]にも起因
するが、それに加えて、中国が経済改革初期から外資への優遇策を積極的
に推進し、ソフト面とハード面の両面から投資環境整備を積極的に進めて
きたことも大きい。とりわけ、中国は高速道路、鉄道、港湾、空港、通信、
電力などインフラ設備を積極的に整備し、外資経営環境の改善に力を入れ
てきたのである。その結果、2000年代初期に発表された「2000年世界経
済フォーラム世界競争力報告（Global Competitiveness Report）」におい
て輸送電力インフラの質を同程度（ともに60位台）と評価されていた両
国だが、2010年には、中国が50位に上昇する一方インドは86位へと下
落し、両国の差は顕著なものになっていった。

　こうした差は国内貯蓄率の差によってもたらされたとも考えられる。中

12　絵所（2010）

13　絵所・佐藤（2014）

国の国内貯蓄率は 1980 年から 2010 年まで平均 40％を超えていたのに対して、インドは高成長期にあった 2000 年から 2010 年までの期間においても平均 24.3％で、相対的に低い水準にあった。すなわち、中国のような「高貯蓄率、高投資率」という経済構造はインドにはみられない。貯蓄率の高さは国内の投資率を規定するほか、国内インフラ設備の資金の潤沢さにも結びついており、また外国直接投資にも影響を及ぼすのである。さらに、マクロ面における総需要の構成項目および寄与率に目を移せば、両国経済における外需の役割も著しく異なっていることも分かる。中国では 90 年代以降、経済収支が恒常的黒字にあり、外需の増加も経済の高成長を下支えしているが、インドは 2000 年代初頭、一時期的に経済収支が黒字に転じたものの、それ以外の期間においてはほとんど赤字状態にあり、全体としては外需が経済を引き下げる要因となっている。すなわち、インドは中国と比較して、より「内需型」の経済構造を有しているのである。これは IT サービス以外の輸出向け産業が育っていないことに起因すると考えられる。

　以上のように、中国とインドの経済発展スピードの差は、経済改革の初期において基軸産業を何に置いたかによって規定されていると考えられる。すなわち、製造業に軸を置くか、IT 関連サービス業に軸を置くかによって経済の発展に大きな差がもたらされたのである。

　製造業は労働集約型産業であり、労働者の質は厳しく問わない。そのため、中国は輸出志向型大量生産に軸を置き、自国にある多量の安価な労働力を雇用市場へと参入させることに成功した。これを通じて、労働者の貧困が解消され、国内消費が拡大した。さらに、最も重要なのは、労働者による貯蓄が可能になることで国内貯蓄率が上昇したことである。このことが経済発展に必要とされる投資の拡大をももたらしたからだ。このように、消費の拡大、および貯蓄率の上昇に起因する投資の拡大は、持続的な経済発展に繋がる。中国、韓国を含めた NIES などがこうした発展の道筋を経験してきたのである。

　一方、IT 関連サービス業は知識集約型であり、相対的に高い教育や技術水準を要した労働者が求められるため、ごく一部の労働者だけがこうし

第3部 実証編 アジアにおける成長段階のバリエーション

た業種を担うことができる。IT 関連サービス業をはじめとしたサービス産業主導の成長を特徴とするインドでは「早すぎる脱工業化」(Dasgupta and Shin (2007)、Rodrik (2016)) としばしば指摘されるように、多数の労働者が農業や都市インフォーマルセクターに取り残されている。経済高成長期に入った 2000 年代において第 3 次産業がおよそ付加価値の 50％程度を占めているにもかかわらず、第 3 次産業に務める労働者は全体の 20％前後にとどまっている。こうしたインド経済の状況について、Amirapu and Subramanaian (2015) は、技能の高い労働者しか参加できず、経済成長の恩恵が国民全体に等しく広がっていかないと指摘した。

こうした両国の違いは、貧困率 [14] の減少スピードからも確認できる。世界銀行が発表した各国の貧困率のデータによると、1990 年から 2010 年の間に中国の貧困率は 73％から 13.9％へと大幅に減少している。これに対して、インドは 1993 年から 2010 年の間に貧困率が 48％から 35.3％とわずか 13％程度しか改善していない。こうした状況を見れば、インドがちょうど中国とは逆の悪循環に陥っていることが分かる。労働者の貧困は国内貯蓄率を低迷させ、それによって国内投資率の上昇が阻害されるとともに、国内インフラ整備の遅滞にもつながる。インフラが整わなければ、海外からの直接投資の低迷を招き、持続的な経済成長が妨げられる。

もちろん、よく言われるように、インド経済はカースト制などの独特の文化的土壌にも大きく影響を受けていると考えられるが、経済統計上で起きている構造的問題は以上のように総括できる。

---

14 1 日 2.15 ドルを基準としたもの。

第9章

表9-3 インド・中国の比較（1978年から2010年まで）

		中国			インド		
1人当たりの 資本ストック[15] （実質ドル）	1978年	4063.4			9101.8		
	1993年	8973.99			8523.07		
	2010年	63983.97			43258.09		
実質経済成長率	1980-1990	9.4%			5.6%		
	1991-2000	10.5%			5.6%		
	2001-2010	10.6%			6.6%		
国内投資率 固定資本形成/GDP	1980-1990	28.5%			21.6%		
	1991-2000	32.2%			26.3%		
	2001-2010	39.0%			33.2%		
貯蓄率	1980-1990	35.2%			18.1%		
	1991-2000	39.4%			23.4%		
	2001-2010	45.6%			32.2%		
外国直接投資率 外国直接投資/GDP	1980-1990	0.51%			0.05%		
	1991-2000	3.96%			0.46%		
	2001-2010	3.79%			1.64%		
貿易収支 （純輸出/GDP）	1980-1990	-0.3%			-1.8%		
	1991-2000	2.1%			-1.0%		
	2001-2010	4.7%			-2.6%		
産業構成比率		第1次	第2次	第3次	第1次	第2次	第3次
	1980-1990	28.5%	43.4%	28.0%	35%	26%	39.0%
	1991-2000	18.9%	45.5%	35.7%	30.6%	27.2%	42.1%
	2001-2010	11.4%	46.2%	42.2%	23.1%	28.6%	48.2%
貧困率[16]		1990年：72% 2010年：13.9%			1993年：48% 2009年：35.3%		
世界競争力順位 （インフラ設備）	2010	50位			86位		

出所：Government of India (2022), *Economic Survey* 2022-2023、中国国家統計局編『中国統計年鑑2020』
および世界銀行データなどをもとに筆者作成

---

15 Groningen Growth and Development Centre（2023）が発表した「Penn World Table version 10.01」をもとに筆者が計算した。

16 1日2.15ドル基準で人口全体に占める貧困者比率。

第3部　実証編 アジアにおける成長段階のバリエーション

5. これからのインド経済はどうなるのか？

(1) 今後のインド経済の成長に向けて──投資と消費の最適化

　インドは経済発展の初期段階から、IT関連サービス業のような知識集約型産業に発展の軸を置いた。このことによって経済成長のトリクルダウン効果が想定されたほどには得られず、マクロ上での貯蓄率ないし投資率の相対的低迷をもたらしたのである。これはインドが中国ほど高いパフォーマンスを発揮できない大きな要因の一つだと考えられる。これは、2000年代に入ってからも依然として国内総需要に占める最終消費の比率が70％をこえているインドの現状にもつながる現象である。こうした消費過剰の状況は、2010年代に中成長に入って以降、投資過剰に陥っている中国とは対照的である。

　以上の解釈の妥当性を確かめるために、本節では、まず第5章の人口成長率を考慮した2部門成長モデルを用いて、インドの1人当たりの消費財と投資財の最適生産額や資本と労働の両部門における最適分配値の推計を試みる。それをもとに、今後のインド経済のさらなる発展に資する提言をおこなってみたい。

　表9-4は推計されたインドの消費財と投資財の最適値や資本と労働の両部門における最適分配値をまとめたものである。2014年では、1人当たり消費財生産額と資本財生産額の差は、推計された最適値の差と比べてはるかに大きな数値を示している。また、2014年では消費財生産部門への資本と労働の配分比率はそれぞれ0.503と0.517であり、資本と労働の最

表9-4　インド経済の最適値（1人当たり）

	資本	消費財生産部門への 労働分配率	消費財生産部門への 資本分配率
2014	31.77	0.50	0.52
最適値	407.36	0.31	0.498

出所：筆者作成

214

適配分率である 0.31、0.498 と比較すると、現実経済における消費財生産部門に大きく偏った傾向にある。消費財生産部門の比率の拡大は、投資財生産部門の不振と表裏一体であり、インドの持続的経済成長の実現を妨げる要因になっているとも言える。今後、最適経済成長に向けて、産業面での構造調整を通じた消費の抑制ないし投資の促進をおこなうことが求められる。

(2) インド経済が中国経済を超えることはあるのか？

前節では中国とインドとの経済成長過程の比較を通じて両国の有する経済成長のポテンシャルに関して議論を進めてきた。2010 年以降、中国の経済成長率が低下し、「中成長期」段階に突入するのを横目にいまだ高成長期にあるインドは高いプレゼンスを示し、世界の次なる経済成長のけん引役として台頭しつつある。こうした中、「近いうちにインドは中国を抜く」といった言説が飛び交うようになっている。そこで、本節の最後に、こうした両国の経済発展の潜在能力、すなわち「最適値」を推測し、両国の差をより明確に示す。

表 9-5 によると、1 人当たり最適総生産について、中国はインドの約6.8 倍の経済規模を持ちうることが分かる。IMF が発表した 2019 年時点の両国の 1 人当たり国内総生産はそれぞれ 10,170 ドルと 2,050 ドルであり、現状、中国はインドの 5 倍に相当する額を示している。あくまで両国が最適な経済成長を実現すればという前提ではあるが、現状の数値と最適値との比較で見ると、両国の差はさらに拡大する可能性があると言えよう。ただし、今後、中国の人口が縮小するなか、人口成長に伴いインドの国内総

表 9-5　中国とインドとの 1 人当たり最適値の比率（中国／インド）

	総生産	資本財生産	消費財生産
最適値の比率	6.83	5.23	6.84

出所：筆者作成

第3部　実証編 アジアにおける成長段階のバリエーション

表9-6　2部門生産関数における各パラメーター

	資本財生産部門			消費財生産部門		
	A_1	α_1	β_1	A_2	α_2	β_2
	全要素生産性	資本分配率	労働分配率	全要素生産性	資本分配率	労働分配率
中国	5.96	0.44	0.56	78.52	0.98	0.02
インド	0.93	0.64	0.36	261.6	0.80	0.20

出所：筆者作成

生産額が上昇することで、国内総生産においては、両国の間の差は縮小することになる。

　以上のように両国経済が到達しうる最適値の差は資本財生産部門の全要素生産性（A）の違いに起因する。表9-6は2部門のデータより推計した両国の生産関数における各パラメーターである。表9-6で確認できたように、中国とインドの生産関数のパラメーターを比較すると、資本財生産部門では、中国の資本分配率（全体の生産に占める資本の寄与度を表す値）はインドより低いものの、全要素生産性はインドを大きく上回っている。一方、消費財生産部門では、中国の資本分配率はインドより高いが、全要素生産性はインドよりはるかに低い。第3章で示した最適1人当たり資本の計算式に基づけば、資本財生産部門の全要素生産性が最適1人当たり資本の大きさに大きく影響を与えている。すなわち、資本財生産部門の全要素生産性が高いことは、より大きな最適1人当たり資本に繋がり、それが全体の生産に大きく寄与することを意味する。こうしたことからも、今後インドは技術進歩を図り、資本財生産に経済発展の軸を置く必要があることが示唆される。

あとがき

　本書が分析してきた「経済成長」は日々のニュースでも頻繁に取り上げられるテーマの1つだが、私と同世代の日本人でそれを肌で感じたことのある人は少ないかもしれない。幸運なことに、私は中国経済の高度成長期に生まれ、経済成長というものの現実の姿を目の当たりにすることができた。私の故郷である福建省の田舎町は私の成長とともに道は舗装され、水道が整備され、白黒だった家のテレビはいつの間にか液晶に変わっていった。こうした変化について最もよく共感してくれるのは、日本の高度成長期に幼年期を送った日本の老人たちである。私の話を懐かしそうに聞いてくれる彼らと話すことで、私は「経済成長にはあらゆる国が通る道がある」という確信を深めていった。

　こうした私の直観に理論的視座を与えてくださったのが慶應義塾大学の大西広先生だった。本書は筆者の博士論文をもとに大幅に加筆・修正を加えたものであり、この博士論文は大西先生のご指導のもとに執筆された。私が大西先生のもとに受け入れていただいたのは、2016年のこと。2014年に交換留学生として来日してまだ3年目で、生活費のためにひたすらアルバイトに忙殺されていた私は、まだ学問について右も左も分かっていなかった。そんな私に大西先生は学問の作法から思想、人との接し方にいたるまで公私にわたって多くのことを教えてくださった。この場を借りて深く感謝を申し上げたい。

　学恩という意味で言えば、近代経済学の手法や知識を与えてくださり、博士論文の細部にわたって助言をしてくださった慶應義塾大学の大平哲先生にもお礼を申し上げたい。現在も私との共同研究につきあってくださり、どんな些細な質問にも丁寧に答えてくださる姿勢にはいつも敬服させられている。

　そのほかにも、私と大西先生をつないでくださった長崎県立大学の尹清

洙先生、博士論文で主査をつとめてくださった慶應義塾大学の藤田康範先生、そして博士論文で副査をつとめていただき、いつも学会、研究会でたくさん有意義なコメントをくださる獨協大学の山下裕歩先生にも感謝の意を申し上げます。また、同じ分野で、たくさん的確なコメントをくださる三重短期大学の田添篤史先生、南開大学（中国）の喬曉楠先生、厦門大学（中国）王芸明先生、日本語を細かく教えてくださった広東海洋大学（中国）の相馬亜紗子先生、そして、いつも数式の計算で困った際に助けていただく桃山学院大学の金江亮先生にも感謝を申し上げたい。

　私は日本に来てから多くの友人にも恵まれた。同じ研究室で私の拙い日本語を添削してくれた吉井君、研究のアイデアについてディスカッションに応じてくれた大西ゼミの皆さん、そして中国から一緒に留学してきた友人たちにも非常に感謝している。彼らはみな、家族のように、夢の実現に向かって私を励ましてくれた。

　また、博士後期課程の三年間、精神的・経済的な面で支援していただいたヒロセ国際奨学財団の皆様にもお礼を申し上げたい。本書自体も同財団からの研究助成によって出版が可能になった。もともと 2022 年に出版できるように計画したものの、途中で出産が重なって予定通り進まなかった際にも、こちらの事情を汲んでくださり、快く延期してくださった寛大さにはいくら感謝しても足りない。

　出版を引き受けてくださった花伝社の佐藤恭介さんにもこの場を借りてお礼を申し上げたい。数式の多い厄介な本であるにもかかわらず、丁寧に赤入れし、こちらの希望を可能な限り反映しようとしてくださる姿勢はとても心強かった。

　最後に、本の出版に向けて育児を分担してくれ、時には研究について新しい視座を提供してくれる夫、いつも私を支えてくれる家族、そしてその存在だけで私の研究の疲れをいやしてくれる娘に心からの感謝を送りたい。

参考文献

日本語文献

1. 安部誠（2017）「序章：低成長時代を迎えた韓国—その要因と社会経済的課題—」安部誠（編）『低成長時代を迎えた韓国』アジア経済研究所.

2. 泉弘志（1992）『剰余価値率の実証研究：労働価値計算による日本・アメリカ・韓国の分析』法律文化社.

3. 稲田献一・宇沢弘文（1972）『経済発展と変動』現代経済学.

4. 尹在男（2016）「構造改革の必要に迫られる韓国経済」『知的資産創造』第10号, pp.116-121.

5. 尹清洙・山下裕歩（2013）「中国経済の動学的応用一般均衡モデル分析～ソローモデルとラムゼイ・モデルの比較を中心として」環太平洋産業連関分析学会第24回大会報告集.

6. 尹清洙・張俊景（2015）「韓国における社会資本供給量の効率性に関する実証研究 - オイラー方程式による検証」『東アジア評論』（長崎県立大学）第7号, pp.77-87.

7. 伊藤正二編（1988）『インドの工業化——岐路に立つハイコスト経済』アジア経済研究所.

8. 井上歳久（2004）『韓国経済発展論——産業連関論的アプローチ』東京図書出版会.

9. 浦田秀次郎・小島眞・日本経済研究センター編著『インド VS. 中国——二大新興国の実力比較』日本経済新聞出版社.

10. 絵所秀紀（2008）『離陸したインド経済：開発の軌跡と展望』ミネルヴァ書房.

11. 絵所秀紀（2010）「グローバル化するインド経済—その背景、成長の特徴、インパクト—」『社会システム研究』第20号, pp.191-213.

12. 絵所秀紀・佐藤隆広編（2014）『激動のインド 3 経済成長のダイナミズム』日本経済評論社.

13. 大西広（1998）『環太平洋諸国の興亡と相互依存京大環太平洋モデルの構造とシミュレーション』京都大学学術出版会.

14. 大西広（2007）「成熟社会の歴史的位置——『格差社会』の問題とかかわって」碇井敏正・大西広編『格差社会から成熟社会へ』大月書店, 2007年第2章所収.

15. 大西広（2012）『マルクス経済学』慶應義塾大学出版会.

16. 大西広（2015）『マルクス経済学（第二版）』慶應義塾大学出版会.

17. 大西広（2014）「近代経済学を基礎としたマルクス経済学：マルクス派最適成長論」の挑戦」『三田学会雑誌』第106巻第4号, pp.23-36.

18. 大西広・矢野剛編（2005）『中国経済の数量分析』世界思想社, p.16.

19. 大西広・金江亮（2015）「『人口大国の時代』とマルクス派最適成長論」慶應義塾経済学会『三田学会雑誌』第107巻第3号, pp.139-155.

20. 大西広（2016）「投資依存型経済からの脱却と『中所得国の罠』——2部門最

適成長モデルによる分析と予測」大西広編『中成長を模索する中国』慶應義塾大学出版会, 2016 年第 6 章所収.

21. 大平哲・李晨（2019）「中国 2000 年代の投資財生産部門の過剰拡大：消費財・投資財 2 部門分割データが示唆すること」『三田学会雑誌』第 112 巻第 2 号 pp.49-68.

22. 金江亮（2013）『マルクス派最適成長論』京都大学学術出版会.

23. 喬暁楠（2019）「中国における数理マルクス経済学：モデル、データと実証研究桃山学院大学経済経営論集第 63 第 1 号（特集マルクス：過去と現在）」『三田学会雑誌』第 112 号 1, pp.15-36.

24. 小島（1990）「独立後インドの産業政策」『アジア諸国の産業政策』アジア経済研究所, 1990 年第 7 章所収.

25. 小幡道昭（2009）『経済原論──基礎と演習』東京大学出版会.

26. 重原久美春・大庭滝子（1991）「新しい成長理論（New Growth Theory）について」日本銀行金融研究所『金融研究』第 10 巻第 1 号, pp.1-17

27. 杉谷滋（1997）「経済発展理論の系譜：開発経済学の再生」『經濟學論究』第 51 巻第 1 号, pp.23-59.

28. 杉本栄一（1981）「近代経済学の解明（下）」（1950 年出版）岩波書店.

29. 田添篤史（2011）「労働増加型技術進歩による均斉成長と「搾取」の消滅」『経済論叢』第 185 巻第 2 号, pp.73-81.

30. 高橋青天・増山幸一・坂上智哉（2002）「戦後日本経済における 2 部門資本集約度の計測──古典的経済成長論は有効か？」『経済研究』（明治学院大学）125 号, p.1-16.

31. 陳麗華（2007）「中国の経済成長と産業政策の展開」『中京女子大学研究紀要』第 41 篇, pp.41-57.

32. 成瀬道紀（2018）「過剰投資の反動が懸念される韓国経済─成長は鈍化へ、資産バブル崩壊の懸念も─」『韓国経済の今後を展望するシリーズ⑯』日本総研. https://www.jri.co.jp/MediaLibrary/file/report/researchfocus/pdf/10760.pdf.

33. 西岡英毅（1995）「経済成長モデルの数値解法：Mathematica によるアプローチ」大阪府立大学『経済研究』第 40 巻第 2 号, pp.171-200.

34. 西口章雄（1986）「インドにおける輸入代替工業政策と技術発展─最近における経済自由化政策の背景─」『同志社商学』第 37 号 (5-6), pp.71-105.

35. 松尾匡・橋本貴彦（2016）『これからのマルクス経済学入門』筑摩書房.

36. 丸川知雄（2013）『現代中国経済』有斐閣, p.247.

37. 松本昭夫・浅田統一郎（2018）「マルクス的経済成長モデルにおける生産ラグ」『経済論纂』第 58 巻第 5・6 号, pp.321-338.

38. 孟若燕（2012）「中国産業別資本投入の推計（1）」『三田商学研究』第 55 巻第 2 号, pp.30-61.

39. 山下裕歩・大西広（2002）「マルクス理論の最適成長論的解釈──最適迂回生産システムとしての資本主義の数学モデル」『政経研究』第 78 号, pp.25-33.

40. 山中一郎編（1988）『南アジア諸国の経済開発計画』アジア経済出版会 .

41. 横川信治・板垣博編（2010）『中国とインドの経済発展の衝撃 』御茶ノ水書房 .

42. 李憲昶（須川英徳・六反田豊監訳）（2004）『韓国経済通史』法政大学出版局 .

43. 李晨（2018）「中国経済の減速スピードに関する新推計——マルクス派最適成長モデルによる成長率推計の改善案」『北東アジア地域研究』第 24 号 , pp.1-10.

44. 李晨・柳東民（2018）「技術進歩率を考慮したマルクス派最適成長モデルによる予測——韓国消費財・資本財の二部門データによる推計」『北東アジア地域研究』第 25 号 , pp.14-48.

45. 李晨（2021）「再生産表式論と新古典派最適成長論とを統合としたマルクス的最適成長モデル—マルクス派最適成長モデル—」長崎県立大学論集第 54 巻第 4 号 , pp.29-49.

46. 李晨（2021）「中国におけるマルクス経済学の展開—再生産表式論の展開を中心に—」桃山学院大学経済経営論集第 63 巻第 1 号 , pp.63-82.

47. 李晨（2022）「これからの中国経済はどうなるか？——経済成長の予測」丸川知雄・徐一睿・穆尭芊編『高所得時代の中国経済を読み解く』東京大学出版会 , 2022 年第 5 章所収 .

48. 野副伸一（2009）「韓国－危機と改革」渡辺利夫（編）『アジア経済読本』（第 4 版）東洋経済新報社 , 2009 年第 1 章所収 .

49. 小島誠（2009）「第 13 章インド——台頭するグローバル・パワー」渡辺利夫（編）『アジア経済読本』（第 4 版）東洋経済新報社 , 2009 年第 13 章所収 .

英語文献

1. Acharya, Shankar (2002). "Macroeconomic Management in the Nineties," *Economic and Political Weekly,* 37(16), pp.1515-1538.

2. Amirapu, Amrit and Arvind Subramanian (2015.) "Manufacturing or Services? An Indian Illustration of a Development Dilemma", *Centre for Global Development Working Paper,* No.408.

3. Barro, Robert J. and Xavier. Sala-i-Martin (2004) *Economic Growth,* Second Edition, Cambridge, MIT Press, 大住圭介訳 ,『内生的経済成長論（第 2 版)』,2006, 九州大学出版会 .

4. Benhabib, Jess and Kazuo Nishimura (1985) "Competitive equilibrium cycles," *Journal of Economic Theory*, 35, pp.284-306.

5. Cass, David (1965) "Optimum Growth in an Aggregate Model of Capital Accumulation," *Review of Economic Studies,* 32, pp.233-240.

6. Dasgupta, Sukti and Ajit Singh (2007). "Manufacturing, Services, and Premature Industrialization in Developing Countries: A Kaldorian Analysis", in C. Mavrotas and A. Shorrocks (eds.), *Advancing Development,* New York: Palgrave-Macmillan.

7. Domar, Evsey D. (1946) "Capital Expansion, Rate of Growth, and Employment,"

Econometrica, 14 (2), pp.137-147.

8.   Domar, Evsey D. (1952) "Economic Growth: An Econometric Approach," *American Economic Review,* 42 (2), pp.479-495.

9.   Domar, Evsey D. (1957) "A Soviet model of growth," in *Essays in the theory of economic growth,* New York, Oxford University press.

10.   Durlauf, Steven N. and Lawrence E. Blume (2008) "Fel'dman, Grigorii Alexandrovich (1884-1958)," *The new Palgrave dictionary of economics,* London, Macmillan 2. p.569.

11.   Feenstra, Robert C., Robert Inklaar and Marcel P. Timmer. (2015) "The Next Generation of the Penn World Table," *American Economic Review,* 105(10), pp.3150-3182.

12.   Fel'dman, G. A. (1928 [1964]) "On the theory of growth rates of National income," translated in Nicolas Spulber (1964) *Foundation of soviet strategy of economic growth: selected soviet essays, 1924-1930,* Indiana University Press.

13.   Frankel, Marvin (1962) "The production Function in Allocation and Growth: A synthesis," *American Economic Review,* 52, pp.995-1022.

14.   Fujimori, Yoriaki (1992) "Building 2-Sector Schemes from the Input-Output Table: Computation of Japan's Economy 1960-1985," *Josai University Bulletin the Department of Economics,* 11(1), pp.1-12.

15.   Goldman Sachs (2003) "Dreaming with BRICs:The Path to 2050", *Global Economics Paper,* No.9

16.   Groningen Growth and Development Centre(2023) "Penn World Table version 10.01", January 2023.

17.   Griliches, Zvi (1979) "Issues in Assessing the Contribution of Research and Development to Productivity Growth," *Bell Journal of Economics,* 10(1), pp.92-116.

18.   Harrod, Roy F. (1939) "An Essay in Dynamic Theory," *The Economic Journal,* 49 (193), pp.14-33.

19.   Koopmans, Tjalling C. (1965) "On the Concept of Optimal Economic Growth," *The Econometric Approach to Development Planning.* Amsterdam: North Holland, pp.225–295.

20.   Kuga, Kiyoshi (1967) "On the capital Intensity Hypothesis," *Economic Studies Quarterly,* 18(1), pp.51-59.

21.   Lenin, Vladimir I. (1893)「いわゆる市場問題について」(『レーニン全集』第 1 巻所収, 大月書店, 1953 年).

22.   Li, Chen (2018) "2009-2050 economic growth: A new projection using the Marxian Optimal Growth Model," *World Review of Political Economy,* 9(4), pp.429-450.

23.   Lucas, Robert E. (1988) "On the Mechanics of Economic Development,"

Journal of Monetary Economics, 22(1), pp.3-42.

24. Maddison, A. (2010) "Statistics on World Population, GDP and Per Capita GDP, 1-2008 AD". Groningen Growth and Development Centre. Available at http://www.ggdc.net/maddison/Historical Statistics/horizontal-file_02-2010.xls.

25. Marx, Karl H. (1987) Capital, vol. 1. Translated by S. Moore and E. Aveling. London: Penguin Classics.

26. Morishima, Michio (1973) Marx's Economics: *A Dual Theory of Value and Growth,* Cambridge, UK Cambridge University Press.

27. Mulligan, Cassey B. and Xavier Sala-i-Martin (1991) "A Note on the Time-Elimination Method for Solving Recursive Dynamic Economic Models," *NBER Technical Working Paper* 116.

28. Onishi, Hiroshi (2011) "The Marxian Optimal Growth Model, Reproduction Scheme, and General Law of Capitalist Accumulation," *World Review of Political Economy,* 2 (4), pp.603-634.

29. Onishi, Hiroshi and Ryo Kanae (2015) "Piketty's r>g is caused by Labor Exploitation," *Marxism 21,* 107 (3), pp.39-156.

30. Orzech, Ze'ev B. and Shalom Groll (1983) "Otto Bauer's scheme of expanded reproduction: an early Harrodian growth model," *History of Political Economy,* 15(4), pp.529-548.

31. Ramsey, Frank P. (1928) "A Mathematical Theory of Saving," *Economic Journal, 38,* pp.543-559.

32. Rebelo, Serigo T. (1991) "Long Run Policy Analysis and Long Run Growth," *Journal of Political Economy,* 99, pp.500-521.

33. Rodrik, Dani(2016) "Premature Deindustrialization", *Journal of Economic Growth,* 21, pp.1-33.

34. Romer, Paul M. (1986) "Increasing Returns and Long-run Growth," Journal of Political Economy, 94(5), pp.1002-1037,

35. Samuelson, Paul A. (1974) "Marx as a Mathematical Economist: Steady-State and Exponential Growth Equilibrium," In *Trade, Stability, and Macroeconomics: Essays in Honor of Lloyd A. Metzler,* edited by George Horwich and Paul A. Samuelson, pp.269-307. New York, NY: Academic Press.

36. Shaikh, Anwar M. (1974) "Laws of Production and Laws of Algebra: The Humbug Production Function," *The Review of Economics and Statistics,* 56 (1), pp.115-120.

37. Shaikh, Anwar M. (2005) "Nonlinear Dynamics and Pseudo-Production Functions," *Eastern Economic Journal,* 31 (3), pp.447-466.

38. Shen, Yu (2011) "A Marxian Optimal Growth Model of China:1981-2005," 京都大学経済学会『経済論叢』第 185 巻第 2 号 , pp.83-98.

39. Shinkai, Yoichi (1960) "On Equilibrium Growth of Capital and Labour,"

International Economic Review, 1, pp.107-111.

40. Solow, Robert M. (1956) "A Contribution to the Theory of Economic Growth," *Quarterly Journal of Economics,* 70, pp.65-94.

41. Swan, Trevor W. (1956) "Economic Growth and Capital Accumulation," *Economic Record,* 32, pp.334-361.

42. Sweezy, Paul M. (1942) *The Theory of Capitalist Development,* New York, Monthly Review Press.

43. Takahashi, Harutaka, Koichi, Mashiyama and Tomoya, Sakagami (2012) "Does the Capital Intensity Matter? Evidence from The Postwar Japanese Economy and Other OECD Countries," *Macroeconomic Dynamic,* 16(1), pp.103-116.

44. Tazoe, Atsushi (2011) "Parameter Estimation for the Marxian Optimal Growth Model," *World Review of Political Economy,* 2 (4), pp.635-645.

45. Timmer, Dietzenbacher, Los, Stehrer and de Vries (2015) "An Illustrated User Guide to the World Input Output Database: The Case of Global Automotive Production," *Review of International Economics,* 23(3), pp.576-605.

46. Uzawa, Hirofumi (1961) "On a Two-Sector Model of Economic Growth, I," *Review of Economic Studies,* 29, pp.40-7.

47. Uzawa, Hirofumi (1963) "On a Two-Sector Model of Economic Growth, II," *Review of Economic Studies,* 30, pp.105-118.

48. Uzawa, Hirofumi (1964) "Optimal Growth in a Two-Sector Model of Capital Accumulation," *Review of Economic Studies,* 31(1), pp.1-24.

49. Uzawa, Hirofumi (1965) "Optimum technical change in an aggregative model of economic growth," *International Economic Review,* 6, pp.18-31.

50. Wood, John C. (1988) *Karl Marx's Economics III,* London: Routledge.165, p.172.

51. Yu, Jiang and Xinhua Jian (2017) "Political Economic Analysis of China's Economic Trends: Reasons and Solutions for Successive Declined Growth for 5 Years," *World Review of Political Economy,* 8(4), pp.450-479.

中国語文献

1. 白暴力 (1986)『论价格直接基础或价值转化形式』西北工业大学出版社.

2. 白暴力 (1999)『价值与价格理论』经济科学出版社.

3. 白暴力 (2000)「两大部类比例变化的理论分析」,『经济评论』第 2 号, pp.13-15.

4. 陈昌兵 (2017)「马克思经济学与西方经济学最优增长模型比较分析」,『当代经济研究』2017 年第 9 期, pp.38-50.

5. 蔡万焕 (2016)「超越供给学派与凯恩斯主义之争」,『思想理论教育』第 3 卷, pp.49-57.

6. 丁堡骏 (2005)『马克思劳动价值论与当代经济』经济科学出版社.

7. 罗玉辉 (2016)「供给侧结构性改革的政治经济学分析」,『中国社会科学报』[N]2016-07-22.

8. 李变花 (2008)『中国经济增长质量研究』中国财政经济出版社．

9. 李海明・祝志勇 (2012)「扩大再生产的动态最优模型和马克思经济增长理论的一个解说『经济科学』第 6 号，pp.12-22.

10. 李海明 (2015)『宏观经济学的微观基础动态一般均衡 (DGE) 框架研究』科学出版社．

11. 韩东 (2016)「坚持马克思主义政治经济学指导供给侧改革」，『政治经济学评论』第 7 卷第 6 号，pp.61-73

12. 乔晓楠・何自力 (2016)「马克思主义工业化理论与中国的工业化道路」，『经济学动态』第 9 期，pp.17-28.

13. 乔晓楠・何自力 (2017)「唯物史观、动态优化与经济增长—兼评马克思主义政治经济学的数学化」，『经济研究』第 8 期，pp.17-32.

14. 乔晓楠・张月莹・张坷坷 (2018)「动力转换、效率提升与第二个一百年目标的实现—一个基于马克思主义政治经济学的数理分析」，『学习与探索』第 10 期，pp.13-22.

15. 乔晓楠・王璟雯 (2019)「社会再生产视角下的经济波动—个马克思主义 RBC 模型」『南开经济研究』，pp.3-24.

16. 山下裕步・大西广・茹仙古丽丽吾甫尔 (2005)「关于马克思最优增长论的解释—最优迂回生产程序的资本主义数学模型」，『海派经济学』2004 年第 11 期，pp.58-67.

17. 孙世强・大西广 (2014)「日本马克思学界对社会再生产理论研究的新阐释及启示—基于最优经济增长模型视角」，『马克思主义研究』2014 年第 8 期，pp.98-103.

18. 孙琳琳・焦婕 (2016)「基于内生折旧率的中国行业层面资本存量估计」，『北京航空航天大学学报社会科学报』第 29 卷第 3 号，pp.97-107.

19. 陶为群 (2014)「两大部类扩大再生产的充分必要条件与求解」，『经济数学』第 13 卷第 3 号，pp.36-42.

20. 陶为群 (2015)「两大部类扩大再生产的按比例发展定理」，『经济数学』第 32 卷第 2 号，pp.60-65.

21. 陶为群 (2017)「两大部类扩大再生产最优平衡增长的形成路径」，『经济数学』第 34 卷第 1 号，pp.51-58.

22. 陶为群・陶川 (2011)「马克思经济增长模型中的特征值及其理论含义」，『经济评论』第 2 号，pp.25-36.

23. 陶为群・陶川 (2013)「两大部类夸大再生产的广义拉格朗日乘子」，『经济数学』第 30 卷第 4 号，pp.49-54.

24. 吴汉龙・冯宗宪 (2004)「基于马克思扩大再生产理论的内生经济增长模型」，『河北经贸大学学报』第 25 卷第 1 号，pp.8-15.

25. 吴易风 (2011)『马克思经济学数理模型研究』中国人民大学出版社．

26. 习近平 (2014)「就当前经济形势和下半年经济工作中共中央召开党外人士座谈会习近平主持并发表重要讲话」，[N]『人民日报』2014 年 7 月 30 日．

27. 习近平 (2015)「立足我国国情和我国发展实践发展当代中国马克思主义政治经济学」，[N]『人民日报』2015 年 11 月 25 日．

28. 习近平 (2016)「在省级干部主要领导干部学贯彻党的十八届五中全会精神专题的讲话」,『人民日报』2016 年 5 月 10 日 (2).

29. 习近平 (2018)「在庆祝改革开放 40 周年大会上的讲话」, [N]『新华社』2018 年 12 月 18 日 .

30. 徐春华 (2016)「危机后一般利率下降规律的表现 国别差异和影响因素」,『世界经济』第 5 号 , pp.3-26.

31. 徐春华 (2017a)「两大部类发展失衡与中国经济产能过剩问题研究」,『当代经济研究』第 1 号 , pp.34-40.

32. 徐春华 (2017b)「生产资料部门优先增长 : 理论逻辑与经验证据」,『经济学动态』第 2 号 , pp.25-34.

33. 薛宇峰 (2009)「当代中国马克思经济学的流派」,『经济纵横』第 1 号 , pp.31-40.

34. 杨继国 (2012)「马克思再生产理论的扩展研究」,『厦大学学报』第 1 卷第 2 号 , pp.2-19.

35. 杨继国 · 朱东波 (2018)「马克思构造均衡理论与中国经济供给侧结构性改革」,『上海经济研究』第 1 卷第 2 号 , pp.2-19.

36. 张忠任 (2004)「马克思再生产公式的模型化与两大部类的最优比例问题」,『政治经济学评论』第 1 卷第 2 号 , pp.2-19.

37. 赵峰 · 赵翌辰 · 李帮喜 (2016)「马克思两大部类模型与中国经济的宏观构造:一个经验研究」,『中国人民大学学报』第 31 卷第 2 号 , pp.73-81.

38. 赵磊 (2017)「对『供给学派的分析』的政治学分析」,『政治经济学』第 7 卷第 2 号 , pp.163-177.

39. 朱殊洋 (2006)「马克思扩大再生产系统的一个均衡解」, 吴易风 · 丁冰 · 李翀 · 程恩富『马克思主义视角的西方经济学』中国经济出版社 .

40. 朱殊洋 (2008)「两大部类最优均衡解积累率的确定基于马克思双线模型的考察」,『探求』第 5 号 , pp.52-56.

李 晨（り・しん）

桃山学院大学経済学部准教授。1990 年、福建省生まれ。2014 年に華僑大学（中国）を卒業し、同年 10 月に日本へ留学。2019 年 9 月に慶應義塾大学経済学研究科後期博士課程を修了。博士号（経済学）。2020 年 4 月、桃山学院大学経済学部専任講師に着任。2022 年より准教授。これまでに、慶應義塾大学経済学研究科の特別研究員、桜美林大学および京都大学の非常勤講師を歴任。主な研究分野は、数理マルクス経済学、経済成長論、中国経済など。

アジア経済から考える高成長・中成長・低成長
――中国、韓国、インドに見る経済成長モデル分析

2024 年 11 月 25 日　初版第 1 刷発行

著者――――李 晨
発行者―――平田　勝
発行――――花伝社
発売――――共栄書房
〒 101-0065　東京都千代田区西神田 2-5-11 出版輸送ビル 2F
電話　　　　03-3263-3813
FAX　　　　03-3239-8272
E-mail　　　info@kadensha.net
URL　　　　https://www.kadensha.net
振替　　　　00140-6-59661
装幀――――佐々木正見
印刷・製本――中央精版印刷株式会社

©2024 李 晨

本書の内容の一部あるいは全部を無断で複写複製（コピー）することは法律で認められた場合を除き、著作者および出版社の権利の侵害となりますので、その場合にはあらかじめ小社あて許諾を求めてください

ISBN978-4-7634-2145-6 C3033

長期法則とマルクス主義
―― 右翼、左翼、マルクス主義

大西 広 著

定価 2,200 円（税込）

●君は右翼か、それとも左翼か？
よみがえるマルクス主義。常識を問い直す、自由派マルクス主義の歴史観と現状分析。
新古典派経済学を基礎とするマルクス経済学、「マルクス派最適成長論」の挑戦。

投下労働量からの日本経済分析
―― 「価値」と「価格」で見る日本型資本主義

田添篤史　著

定価 2,750 円（税込）

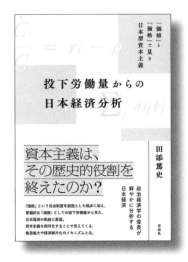

●資本主義は、その歴史的役割を終えたのか？
「価格」という社会制度を前提とした視点に加え、普遍的な「価値」としての投下労働量から見た、日本経済の軌跡と展望。
資本主義を相対化することで見えてくる、格差拡大や経済断片化のメカニズムとは。